科技型中小企业创新绩效提升路径

白湧沨◎著

中国出版集团　现代出版社

图书在版编目（CIP）数据

科技型中小企业创新绩效提升路径／白湧汎著. --

北京：现代出版社，2023.12

ISBN 978-7-5231-0708-9

Ⅰ.①科… Ⅱ.①白… Ⅲ.①高技术企业-中小企业

-企业绩效-企业管理-研究 Ⅳ.①F276.44

中国国家版本馆 CIP 数据核字（2023）第 249658 号

著　　者	何凤梅	
责任编辑	申　晶	

出 版 人	乔先彪
出版发行	现代出版社
地　　址	北京市朝阳区安外安华里 504 号
邮政编码	10011
电　　话	（010）64267325
传　　真	（010）64245264
网　　址	www.1980xd.com
电子邮箱	xiandai@ vip. sina. com
印　　刷	北京四海锦诚印刷技术有限公司
开　　本	185mm×260mm　1/16
印　　张	11
字　　数	247 千字
版　　次	2023 年 12 月第 1 版　2023 年 12 月第 1 次印刷
书　　号	ISBN 978-7-5231-0708-9
定　　价	58.00 元

前言

随着科学技术的快速发展，科技型中小企业逐渐成为推动经济发展和社会进步的重要力量。为了应对激烈的市场竞争和日新月异的技术变革，科技型中小企业探讨创新绩效提升的路径，成为企业高质量发展的关键任务。

基于此，本书围绕科技型中小企业创新绩效提升路径展开研究，第一阐述科技型中小企业的演变与发展，内容包括科技型中小企业的界定、科技型中小企业的演变、科技型中小企业的特性、科技型中小企业的发展趋势；第二分析科技型中小企业的劳动关系与员工管理，内容涉及劳动关系的构建、员工的科学管理、员工的激励机制、员工的能力培养、员工的团队建设；第三解读科技型中小企业的绩效管理，内容涵盖绩效管理的基础认知、绩效管理的沟通机制、绩效管理的操作技巧与策略、绩效管理的体系优化；第四论述科技型中小企业的创新发展，内容包括政策创新的引导策略、活力创新的提升策略、商业模式的创新演化、技术创新的完善策略、迭代创新的有效策略；第五研究科技型中小企业创新绩效的影响，内容涉及政治关联对创新绩效的影响、社会网络嵌入对创新绩效影响、组织间学习对创新绩效的影响、知识管理过程对创新绩效的影响、虚拟集聚对创新绩效的影响；第六探索科技型中小企业的高质量发展，内容涵盖科技型中小企业的高质量发展必要性、科技型中小企业的孵化建设、科技型中小企业的协同发展、科技型中小企业的高质量发展实践与优化。

本书结构完整，覆盖范围广泛，在内容布局、逻辑结构、理论创新诸方面都有独到之处。本书可供广大科技型中小企业从业人员、高校师生与知识爱好者阅读使用，具有一定的参考价值。

本书在写作过程中，笔者获得了许多专家和学者的帮助与指导，在此表示衷心的感谢。由于笔者的能力有限，加之时间紧迫，书中可能存在一些遗漏之处，希望读者们能够提供宝贵的意见和建议，以便笔者进行进一步的修订，使其更加完善。

目录

第一章
科技型中小企业的演变与发展

第一节　科技型中小企业的界定

随着科技的不断发展，中小企业在各个国家的经济中起到了至关重要的作用。在这些中小企业中，科技型中小企业被认为是特别重要的一部分。这类企业通常以科技人员为主体，以科技研发为动力，以知识产权为核心，以现代科技为支撑，具有较高技术含量和高成长性。因此，科技型中小企业的界定，需要考虑以下内容。

一、科技人员

科技型中小企业的确定通常涉及多个因素，其中之一是科技人员的角色和数量。科技人员是企业中至关重要的一部分，因为他们负责研发、创新和推动技术领域的进步。以下是有关科技型中小企业中科技人员的界定的一些考虑因素。

第一，技术岗位。科技型中小企业通常会雇用一定数量的技术专业人员，如工程师、科学家、软件开发人员等。这些人员在企业的研发和技术创新方面发挥着关键作用。

第二，学历和经验。科技型中小企业的科技人员通常具备相关的学历和经验，以应对复杂的技术挑战。他们可能拥有硕士或博士学位，并在其领域积累了一定的工作经验。

第三，研发投入。企业在研发活动上的投入也是确定科技型中小企业的一个重要因素。如果企业在研发方面有显著的投资，那么可能需要更多的科技人员来支持这些活动。

第四，技术创新。科技型中小企业通常以技术创新为核心竞争优势。因此，科技人员在不断寻找新的解决方案、改进产品和服务方面发挥着关键作用。

第五，行业标准。不同行业对科技型中小企业的科技人员要求可能会有所不同。一些行业可能需要更多的科技人员来满足特定的法规和标准。

二、科技研发

科技研发在科技型中小企业中通常扮演着至关重要的角色，因为它们依赖于技术创新来推动业务增长和竞争力提升。以下是关于科技型中小企业中科技研发的界定的一些重要考虑因素。

第一，研发预算。科技型中小企业通常会投入相当数量的资金用于研发活动。这包括薪资、设备、实验室和其他研发所需的资源。企业的研发预算规模可以作为评估其科技型特征的指标之一。

第二，创新产出。科技研发的关键目标之一是产生创新，如新产品、新技术或新解决方案。科技型中小企业通常会关注创新的产出，并努力将其转化为市场竞争优势。

第三，研发团队。企业是否拥有专门的研发团队以及该团队的规模和技术专长也是一个重要的考虑因素。拥有具备丰富经验的科技人员和工程师的研发团队通常能够更好地支持技术创新。

第四，知识产权。科技型中小企业通常会积极保护其研发成果，如专利、商标和版权。

第五，技术合作和合作伙伴关系。企业是否与大学、研究机构或其他企业建立了技术合作和合作伙伴关系也是一个考虑因素。这种合作通常有助于加速技术创新和知识共享。

三、知识产权

知识产权不仅反映了企业的技术创新水平，还在很大程度上决定了企业的市场竞争力和可持续发展。

第一，知识产权的成果。知识产权的第一个关键方面是它所包含的成果。这包括专利、商标、著作权和其他相关知识产权形式。科技型中小企业通常会努力保护其技术创新，这通过专利来体现。专利不仅是对发明的法律保护，还是企业的创新能力的象征。如果一个企业拥有大量专利，特别是涵盖核心技术领域的专利，这通常表明它在技术创新方面取得了显著的成就。此外，商标和著作权也可以反映企业的品牌价值和创造力。因此，知识产权的成果是确定企业是否为科技型中小企业的重要指标之一。

第二，知识产权的转化。知识产权不仅是用来保护技术成果的工具，还可以作为商业策略的一部分，用于将创新转化为商业机会。科技型中小企业通常会积极寻求将其知识产权转化为市场竞争优势。这可能包括将专利技术授权给其他企业、开展技术合作、出售技术专利或将其用于自身产品和服务的开发。知识产权的转化能力可以帮助企业实现技术创新的商业化，创造新的营收来源，同时也有助于吸引投资者和合作伙伴。因此，知识产权的转化是科技型中小企业的一个关键特征，有助于界定其类型。

第三，知识产权的相关产品或服务。知识产权还与企业的产品或服务密切相关。科技型中小企业通常会将其知识产权用于创造独特的产品或服务，从而满足市场需求。这些产品或服务通常具有技术优势，因为它们建立在受到知识产权保护的技术基础之上。知识产权可以确保企业在市场上有竞争优势，因为其他竞争对手难以模仿或复制这些受保护的技术。因此，知识产权与企业的产品或服务之间存在密切的关联，也是确定企业是否为科技型中小企业的关键因素之一。

四、现代科技

在当今迅速发展的商业环境中，科技型中小企业成为经济增长和创新的关键推动力。这些企业在各个领域如信息技术、生命科学、绿色能源和工程等领域内积极探索和应用现代科技，以满足市场需求并体现竞争优势。

现代科技是科技型中小企业的灵魂，这些企业在其核心业务中积极采用新技术和创新方法，以开发新产品、提供新服务或改进现有产品和服务。例如，一家软件开发企业可能利用最新的人工智能技术开发智能应用程序，一家生命科学企业可能通过基因编辑技术研发新型药物。因此，技术创新是科技型中小企业界定的首要因素。

现代科技使科技型中小企业，能够更容易地进入全球市场。互联网和数字通信技术的普及为企业提供了全球范围内的市场渠道。通过在线销售、远程合作和全球供应链，这些企业可以扩大其客户群和合作伙伴网络，进一步推动其增长和创新。

现代科技对资金的需求较大，因为研发和技术创新需要投入相当数量的资源。科技型中小企业通常会寻求融资和投资，以支持其发展和扩张。风险投资、创业支持计划和政府补助等资金来源通常对这些企业的成功起着至关重要的作用。

五、持续发展

持续发展不仅仅是指企业的长期生存和发展，更是指在不断变化的市场环境中，企业如何保持创新、适应变化、提高竞争力。对于科技型中小企业而言，持续发展需要依赖多个方面的要素。

第一，企业需要不断创新。只有保持技术的领先地位，才能在日益激烈的市场竞争中立于不败之地。因此，科技型中小企业需要不断加大研发投入，提升研发团队的技术水平，积极跟踪并掌握行业最新技术趋势。

第二，企业需要加强市场营销和品牌建设。尽管科技型中小企业的核心是技术创新，但若想实现持续发展，仍需关注市场需求和消费者痛点。通过深入了解市场需求和消费者需求，企业可以更好地调整产品或服务的方向，提升市场竞争力。同时，优秀的品牌建设可以使企业在市场中建立良好的口碑，进一步提升企业的市场竞争力。

第三，企业需要注重人才培养和团队建设。科技型中小企业的核心是创新，而创新的源泉在于人才。因此，通过选拔和培养具有创新精神和技术能力的人才，可以不断提升企业的研发实力。同时，通过完善激励机制和营造良好的企业文化，可以留住人才并最大限度地发挥他们的潜力。

第四，政府在科技型中小企业的持续发展过程中也扮演着重要的角色。政府可以通过提供政策支持和资金扶持等方式，帮助这些企业降低成本、提高效率、增强市场竞争力。例如，提供税收优惠、贷款担保、补贴等政策支持，以及举办创业培训、技术交流活动等举措，都可以为科技型中小企业的持续发展提供有力保障。

总之，我们将科技型中小企业定义为：科技型中小企业是指以科技人员为主体，由科技人员领办和创办，主要从事高新技术产品的科学研究、研制、生产、销售，以科技成果商品化以及技术开发、技术服务、技术咨询和高新产品为主要内容，以市场为导向，实行自筹资金、自愿组合、自主经营、自负盈亏、自我发展、自我约束的知识密集型经济实体。"创新是发展的动力之源，科技型中小企业正成为中国创新发展的动力引擎。"[①]

第二节　科技型中小企业的演变

科技型企业的演变是一个充满挑战和机遇的过程，需要创始人和团队的坚持和不断学习。每个阶段都有其独特的要求和策略，成功的企业是那些能够灵活适应不同阶段需求的企业。通过明智的决策、创新思维和良好的执行，科技型企业可以不断发展壮大，实现长期成功。

一、科技型中小企业的种子期

科技型中小企业的种子期是企业发展旅程的起始点，是创始人和团队开展初期工作的

[①] 蔡树堂，张腾，宋璟．效果逻辑对科技型中小企业迭代创新的影响研究［J］．广西财经学院学报，2023，36（4）：29．

关键阶段。在这个早期阶段，企业通常只是一个初创概念或创意的雏形，需要从无到有地构建一切，以验证其可行性并为未来的发展奠定基础。

第一，构思和概念验证。种子期的第一步是创始人或团队的概念构思。这个概念可能是基于新的科技创新、市场需求或问题的解决方案。创始人需要深入研究和了解相关领域，确保他们的想法是创新的且有市场潜力。概念验证是非常关键的，因为它可以帮助创始人确定是否值得投入更多时间和资源来发展这个概念。

第二，团队组建。在确定了概念的可行性之后，创始人通常需要构建一个核心团队，以共同推动企业的发展。这个团队可能包括技术专家、市场营销人员、销售人员和财务专业人员，以确保企业在各个方面都有合适的专业知识和技能。选择合适的团队成员对于成功的种子期至关重要。

第三，初步资金筹集。在种子期，通常需要一些资本来支持概念验证和初步开发工作。创始人可以寻求来自天使投资者、风险投资企业或创业加速器的资金。这些资金可用于原型开发、市场研究和构建初期产品或服务的原型。

第四，市场调研和定位。在种子期，企业需要进行详尽的市场调研，以了解目标市场的需求、竞争情况和潜在机会。市场调研将有助于企业确定其产品或服务的定位和差异化策略，以确保其在市场中有竞争力。

第五，原型开发和测试。种子期的企业通常会着手开发初期产品或服务的原型，以验证其概念的可行性。原型可以用于吸引早期用户或客户，并获得他们的反馈。这个阶段需要不断地迭代和改进，以确保产品或服务满足市场需求。

第六，知识产权保护。在种子期，企业应该考虑保护其知识产权，包括专利、商标或版权。这可以帮助企业确保其创新在未来不受侵权，同时增加其价值和吸引力，尤其是在寻求投资或合作伙伴时。

第七，寻求支持和导师指导。创始人可以通过加入创业社区、参加创业活动或寻求导师指导来获取有用的建议和支持。这些资源可以提供宝贵的经验教训，帮助企业在种子期克服挑战。

二、科技型中小企业的创建期

科技型中小企业的创建期是这类企业发展旅程中的第二个关键阶段。在种子期成功验证了概念的可行性后，创业者进入了创建期，这个阶段需要更多的资源、计划和执行力来将概念转化为真正的产品或服务，并建立起稳固的基础以支持未来的增长。

第一，产品开发和原型完善。在创建期，企业需要投入更多的时间和资源来开发其产品或服务。基于在种子期收集的反馈和市场调研，创业者和团队必须不断迭代原型，确保其满足客户需求。产品开发可能涉及技术开发、设计、测试和质量控制等多个方面。

第二，市场推广和品牌建设。随着产品或服务的开发，企业需要开始考虑如何将其推向市场。这包括市场定位、目标客户的确定、定价策略和销售渠道的建立。同时，品牌建设也至关重要，企业需要塑造自己的品牌形象，以在竞争激烈的市场中脱颖而出。

第三，融资和投资吸引。在创建期，企业通常需要更多的资金来支持产品开发、市场推广和运营。创业者可以考虑寻求天使投资人、风险投资企业或其他投资渠道的资金。吸引投资需要精心准备的商业计划、清晰的增长策略和令人信服的市场前景。

第四，团队扩张。随着企业的发展，团队也需要逐步扩大。创始团队可能需要招聘新的成员，包括技术专家、销售和市场人员、财务专业人员等，以支持企业的不断增长和扩展。

第五，客户关系和满意度。创建期是建立长期客户关系的关键时期。企业必须努力满足客户需求，提供卓越的客户服务，以赢得客户的信任和忠诚度。满意的客户通常会成为品牌的忠实支持者，并可能提供口碑宣传。

第六，风险管理和可持续性。随着企业的成长，风险也会增加。在创建期，创业者需要制定风险管理策略，以应对可能出现的挑战，确保企业的可持续性。这包括财务规划、法律合规性和业务持续性计划。

第七，战略合作和伙伴关系。科技型中小企业建立战略合作关系，以扩大市场份额或获得关键资源。这些伙伴关系可以帮助企业更快地发展和增长。

三、科技型中小企业的生存期

科技型中小企业的生存期是企业发展过程中的一个关键阶段，它在创建期之后，但在扩张期之前。这个阶段通常伴随着企业的成长和市场扩展，但也会面临一系列新的挑战。在这个阶段，企业需要更加注重运营、管理和可持续性，以确保其在市场中持续存在和增长。

第一，市场巩固。生存期的企业通常已经建立了一定的市场存在和客户基础。他们需要巩固这个市场地位，防止竞争对手的威胁。这可能涉及不断提高产品或服务的质量，以满足客户需求，并保持价格竞争力。

第二，运营效率。在这个阶段，企业需要更加注重运营效率，以降低成本并提高生产力。这可能包括优化供应链、自动化流程、降低库存成本和提高员工效能。通过提高运营效率，企业可以实现更好的利润率。

第三，客户关系管理。维护并拓展客户关系仍然至关重要。企业需要建立长期客户关系，提供卓越的客户服务，并积极倾听客户的反馈和需求。满足现有客户的期望可以帮助企业保持稳定的收入流。

第四，资金管理。在生存期，企业可能需要更多的资金来支持运营和增长。有效的资金管理是至关重要的，包括预算规划、现金流管理和考虑融资选项。企业可能需要考虑寻求外部融资以支持扩张计划。

第五，市场扩展。一些企业可能考虑扩大市场份额，进入新的地理区域或扩展产品线。市场扩展可以提供增长机会，但也需要谨慎的市场研究和计划。

第六，竞争分析。在生存期，竞争可能更加激烈。企业需要进行定期的竞争分析，以了解竞争对手的策略和市场地位，并相应地调整自己的策略。

第七，法律合规性。企业需要确保其在法律和法规方面合规。这包括知识产权保护、税务合规性和劳工法规遵守等方面。

第八，员工发展。随着企业的增长，员工发展也变得重要。企业需要拥有一支高效的团队，并提供培训和发展机会，以吸引和留住优秀的人才。

四、科技型中小企业的扩张期

科技型中小企业的扩张期是其发展旅程中的一个重要阶段，这个阶段标志着企业已经成功建立了自己的市场地位，并开始寻求更广泛的增长机会。在扩张期，企业通常经历了一系列重大变化，包括增加规模、进军新市场、推出新产品或服务，以满足不断增长的客户需求。

第一，市场扩展。在扩张期，企业通常寻求在现有市场之外拓展业务。这可能涉及进军新的地理区域，吸引新的客户群体，或者提供新的产品或服务。市场扩展可以帮助企业实现更快的增长，并减轻依赖现有市场的风险。

第二，团队扩张。为了支持业务的扩张，企业可能需要扩大团队规模。这包括招聘新的员工，也可能需要升级管理层，以确保企业能够有效地应对增长带来的挑战。

第三，资金需求。扩张期通常需要更多的资金来支持市场扩展、产品开发和团队扩张。企业需要考虑如何满足这些资金需求，包括寻求外部融资、吸引投资者或考虑债务融资。

第四，产品创新。为了保持竞争力，企业可能需要不断进行产品或服务的创新。这可能包括改进现有产品的功能，推出新的特性，或者研发全新的产品线。创新可以帮助企业满足客户需求，并与竞争对手区分开来。

第五，品牌建设。随着扩张，品牌建设变得尤为重要。企业需要确保其品牌形象与其扩张目标和价值观保持一致，以在新市场中建立信任和认可度。

第六，合作伙伴关系。在扩张期，科技型中小企业建立战略合作伙伴关系，以共同推动业务增长。这些合作可以提供新的销售渠道、市场机会和资源。

第七，风险管理。随着扩张，风险也会增加。企业需要仔细考虑如何管理这些风险，包括市场风险、竞争风险和金融风险。制定风险管理策略是确保业务可持续增长的关键。

第八，战略规划。扩张期需要清晰的战略规划。企业需要考虑长期目标、市场定位、竞争策略和资源分配，以确保扩张是有组织和可持续的。

五、科技型中小企业的成熟期

科技型中小企业的成熟期代表着企业在其发展旅程中的一种稳定和成熟状态。这一阶段通常是企业经过多年的努力和发展后所达到的，它与早期的种子期、创建期和扩张期相比，有着不同的特征和挑战。

第一，稳定的客户基础。成熟期的企业通常已经建立了一个坚实的客户基础。他们可能有一大批忠实的客户，这些客户持续购买其产品或服务，并可能提供口碑宣传。这使得企业更加稳定，能够预测和管理收入。

第二，产品和服务优化。在成熟期，企业通常会对其产品或服务进行进一步的优化和改进，以确保它们保持竞争力并满足客户需求。这可能包括增加新特性、提高性能或提供更高的质量标准。

第三，市场领导地位。有些成熟期企业可能已经成为市场领导者，占据了主导地位。他们在市场上的知名度和品牌认知度可能很高，这使得他们能够引领市场走向，并影响整个行业。

第四，稳定的盈利能力。成熟期的企业通常具有稳定的盈利能力。他们可能已经实现良好的利润率，并能够自主投资于研发、市场营销和其他增长机会，而不必依赖外部资金。

第五，多元化和扩张。一些成熟期企业可能会考虑多元化或扩张到新的市场或领域。这可以帮助他们降低业务风险，寻找新的增长机会，并利用其资源和专业知识。

第六，管理和流程优化。在成熟期，企业通常会加强管理和流程优化。这包括确保有效的内部控制、高效的供应链管理和优化的人力资源管理。

第七，品牌价值。成熟期企业的品牌价值通常很高，因为他们在市场上有良好的声誉和表现。他们的品牌可能成为他们最有价值的资产之一。

第八，战略合并和收购。一些成熟期企业可能会寻求通过战略合并或收购来扩大业务范围或进一步巩固市场地位。这可以帮助他们实现更大的规模和市场份额。

第九，社会责任和可持续性。成熟期企业通常更关注社会责任和可持续性。他们可能会积极参与慈善活动、环保倡议或其他社会责任项目，以增强其社会声誉。

六、科技型中小企业的转型期

科技型中小企业要在竞争激烈、技术不断进步的市场中生存和繁荣，必须经历一个关键的阶段，即转型期。科技型中小企业的转型期通常是一个充满挑战的时期，但也充满机遇。这个阶段的关键目标是适应不断变化的市场环境，并确保企业能够持续增长和创新。

第一，技术更新和创新。在科技型中小企业的转型期，必须不断更新和升级现有的技术基础设施，以保持与竞争对手的竞争力。同时，也需要不断进行创新，以开发新的产品和服务，以满足市场需求。

第二，市场分析和定位。转型期是重新审视市场的时机。企业需要深入分析市场趋势和竞争对手，确定适合自己的定位和战略。这涉及重新定义目标市场、客户群体和定价策略。

第三，人才发展和管理。科技型中小企业需要具备高度技术能力的员工，因此在转型期需要重点关注人才发展和管理。吸引、留住和培养优秀的员工将有助于企业的长期成功。

第四，财务管理和融资。在转型期，企业需要制定可持续的财务策略，确保资金充足，以支持扩张和创新。这需要考虑融资选项，如风险投资、贷款或股权融资。

第五，品牌建设和市场推广。在竞争激烈的市场中，品牌建设和市场推广至关重要。企业需要投资于有效的市场宣传和品牌推广活动，以吸引客户并建立忠诚度。

第六，合规和法律事务。合规问题对企业的长期成功也具有重要性。在转型期，确保企业遵守所有适用的法律法规，包括知识产权、隐私和竞争法规，是至关重要的。

第七，持续学习和改进。转型期是一个持续学习和改进的旅程。企业必须保持灵活性，不断适应新的挑战和机遇，并在过程中不断改进自己的策略和运营。

第三节　科技型中小企业的特性

一、科技型中小企业的特征

（一）高投入性

科技型中小企业是现代经济体系中的关键组成部分，它们在创新、研发和技术应用方面发挥着重要作用。然而，与大型企业相比，科技型中小企业通常面临着更高的投入要求，这就是所谓的"高投入性"。

第一，科技型中小企业需要大量的资金用于研发和创新。创新是科技企业生存和竞争的关键，但它通常需要巨额的资金。中小企业往往无法像大型企业那样轻松获得大规模的融资。因此，它们必须精打细算，将有限的资源用于研发项目。这种高投入性可能导致科技中小企业在创新领域面临竞争压力，因为它们无法像大型企业那样投入大量资金来推动研发项目。

第二，科技型中小企业需要吸引高素质的人才，这也需要高额的投入。与大型企业相比，科技中小企业通常无法提供同样的薪酬和福利待遇，因此，它们必须通过其他方式来吸引和留住优秀的员工。这可能包括提供灵活的工作安排、股权激励计划和培训机会。虽然这些投入是必要的，但它们也增加了企业的成本负担，从而增加了高投入性的压力。

第三，科技型中小企业需要不断更新和升级技术设备和设施。随着技术的迅速发展，企业必须保持竞争力，这就需要不断地投资于新技术和设备。这些投入可能包括购买新的计算机系统、研发实验室设备和生产设备。这些投入不仅增加了企业的成本，还要求企业保持对技术发展的敏感性，以及及时采纳新技术的能力。

第四，科技型中小企业还需要投资于市场营销和品牌建设。与大型企业相比，它们通常没有同样规模的市场预算，因此必须更加巧妙地利用有限的资源来提高品牌知名度、拓展市场份额和吸引客户。这可能需要投资于数字营销、社交媒体宣传、参展活动和客户关系管理等方面。

（二）高成长性

科技型中小企业的高成长性，指的是这些企业在相对较短的时间内实现显著的增长。

第一，科技型中小企业通常致力创新。它们通过不断地研发和采用新技术，不断寻求改进和突破。这种创新精神使得它们能够开发出独特的产品或服务，满足市场的不断变化需求。这种创新优势不仅有助于科技型中小企业在市场上获得竞争优势，还能够为它们打开新的增长机会。

第二，科技型中小企业通常更加灵活。科技型中小企业的组织结构通常更加平坦，决策过程更加迅速，因此能够更快地适应市场变化。这种敏捷性使得它们能够更好地捕捉市场机会，快速调整战略，以满足客户需求。因此，科技型中小企业在快速变化的科技行业中具有明显的竞争优势。

第三，科技型中小企业通常具有创业家精神。创始人和管理团队通常对他们的企业充满激情，具有强烈的愿景和决心。他们愿意承担高风险，追求高回报，这种精神驱使他们努力拓展业务，不断创新，并将企业推向高成长轨道。

第四，科技型中小企业通常具有高度的适应性。在不断变化的市场环境中，它们能够快速适应新的趋势和技术，灵活调整业务模式，以适应新的市场要求。这种适应性使得它们能够持续成长，不断扩大市场份额。

第五，科技型中小企业通常能够吸引创新性的人才。科技型中小企业具备广阔的发展空间、宽松的工作环境以及丰厚的回报，这些是吸引富有创造力和热情专业人才的重要因素。这些人才的加入，进一步促进企业不断创新并实现持续成长。

（三）高收益性

高收益性指的是科技研发在成功的基础上，能够在产品上将更多的附加值带给科技一类的中小企业，从而在市场中获取更高的回报率。

第一，科技型中小企业通常专注于创新和技术应用。它们不断地研究和开发新的产品、服务或解决方案，这些创新能够满足市场的新需求或改进现有产品。由于其创新性，这些企业能够在市场中找到独特的定位，因此可以在价格上保持竞争力并获得高溢价。高溢价使得科技型中小企业能够实现高额利润，从而提高了其收益。

第二，科技型中小企业通常拥有高附加值的产品或服务。由于其专业性和技术性，它们的产品或服务往往能够满足客户的高级需求。这些高附加值产品或服务通常能够以更高的价格销售，因此带来更高的利润率。与此同时，高附加值也使得科技型中小企业能够吸引更多的高端客户，建立长期合作关系，进一步提高了收益性。

第三，科技型中小企业通常能够快速扩大市场份额。由于其灵活性和适应性，它们能够在市场中快速反应，抓住机会，扩大市场份额。随着市场份额的增加，企业能够实现规模经济，从而降低成本，提高利润率。这种快速扩张和市场份额的增加有助于科技型中小企业实现高收益性。

第四，科技型中小企业通常更加精细化管理成本。由于资源有限，它们必须精打细算，将有限的资金和资源用于最重要的方面，避免浪费。这种成本控制能力有助于提高企业的利润率，使其收益更加丰厚。

第五，科技型中小企业通常能够吸引投资者的兴趣。由于其创新和高增长潜力，这些企业更容易获得风险投资和资本注入。这些投资能够帮助企业扩大规模，进一步提高收益。

第六，投资者的兴趣也有助于提高企业的估值，为未来的筹资活动创造更多机会。

（四）高创新性

创新性不仅帮助这些企业在竞争激烈的科技市场中脱颖而出，还为经济增长和社会发展提供了持续动力。

第一，科技型中小企业通常专注于解决现实世界问题。这些企业的创建往往源于对市场或社会存在的问题的洞察力。他们的团队通常由充满激情和创造力的人组成，他们致力开发创新的解决方案，以满足客户的需求。这种问题导向的创新使得科技型中小企业能够在市场上找到独特的定位，并解决实际问题，因此创新性得以充分发挥。

第二，科技型中小企业通常具有较低的组织层级和灵活的运营模式。与大型企业相比，它们的决策过程更加迅速，可以更快地响应市场变化。这种灵活性使得它们能够更快地推出新产品或服务，应对竞争挑战，并在创新中保持领先地位。

第三，科技型中小企业通常能够吸引高素质的人才。它们的创新性和高增长潜力通常能够吸引有志于创造性工作的专业人士。这些人才的加入不仅推动了企业的创新，还带来了新的思维和观点，有助于破解复杂的问题。

第四，科技型中小企业通常通过建立合作关系来推动创新。它们可能与大学、研究机构和其他企业合作，共同开展研究和开发项目。这种合作有助于汇集多方的知识和资源，加速创新的速度，并增加了创新的多样性。

第五，科技型中小企业通常投资于研发和技术应用。虽然资源有限，但它们通常将大部分资金用于技术创新和产品开发。这种持续的研发投入有助于保持竞争力，并在市场上不断推出新产品或服务。

二、科技型中小企业的类型

科技型中小企业的主要类型是科学研究和技术服务业、信息传输软件和信息技术服务业、批发和零售业、金融业、租赁和商务服务业等五个行业，这五个行业的技术需求高，技术创新的模仿性较高，行业产品的异质性要求等，科技型中小企业一般就是做生物研究、软件技术开发或电商数据软件等企业。

科技型中小企业的主要类型是多种多样的，它们在不同领域提供创新和高科技解决方案，为经济增长和社会进步做出了重要贡献。

第一，科学研究和技术服务业。科技型中小企业在科学研究和技术服务领域扮演着关键角色。它们通常由一群热衷于创新和科研的专业人士组成，致力解决复杂的科技难题。这些企业在不同领域如生物技术、医疗设备、能源技术等提供咨询、研发和测试服务。它们的成果常常转化为新产品和技术，为社会带来实质性的进步。

第二，信息传输软件和信息技术服务业。在数字化时代，信息技术行业正迅速崛起，科技型中小企业在其中发挥着重要作用。这些企业致力开发创新的软件应用程序、云计算解决方案、网络安全服务等，以满足企业和个人在信息技术方面的需求。他们的产品和服务使数据交流更加高效，为企业提供了竞争优势，并推动了数字经济的增长。

第三，批发和零售业。虽然批发和零售业通常不被认为是科技型企业的主要领域，但随着电子商务的崛起，科技型中小企业在这个行业中也扮演着关键角色。它们通过在线销售平台、电子支付解决方案以及供应链管理系统等技术，实现高效的销售和物流管理。这些创新有助于扩大市场规模，提高客户体验，为零售业带来了新的机遇。

第四，金融业。金融业是另一个科技型中小企业蓬勃发展的领域。这些企业专注于金融技术领域，通过开发支付解决方案、虚拟货币平台、风险管理工具等，改变传统金融服务的方式。它们的创新有助于提高金融服务的可访问性和效率，同时降低金融交易的成本。

第五，租赁和商务服务业。租赁和商务服务行业包括各种企业，如人力资源咨询、物业管理、会议和展览服务等。科技型中小企业在这个领域中提供智能化解决方案，如人力资源管理软件、智能建筑技术以及在线会议平台。这些技术有助于提高工作效率，提供更好的客户服务，并增加了企业的竞争力。

三、科技型中小企业的认定条件

第一，在中国境内（不包括港、澳、台地区）注册的民营企业。

第二，职工总数不超过 500 人、年销售收入不超过 2 亿元、资产总额不超过 2 亿元。

第三，企业提供的产品和服务不属于国家规定的禁止、限制和淘汰类。

第四，企业在填报上一年及当年内未发生重大安全、重大质量事故和严重环境违法、科研严重失信行为，且企业未列入经营异常名录和严重违法失信企业名单。

第五，企业根据科技型中小企业评价指标进行综合评价所得分值不低于 60 分，且科技人员指标得分不得为 0 分。

符合以上第 1~4 项条件的企业，若同时符合下列条件中的一项，可直接确认符合科技型中小企业条件：①企业拥有有效期内高新技术企业资格证书；②企业近五年内获得过国家级科技奖励，并在获奖单位中排在前三名；③企业拥有经认定的省部级以上研发机构；④企业近五年内主导制定过国际标准、国家标准或行业标准。

第四节　科技型中小企业的发展趋势

随着全球化和数字化的发展，科技型中小企业在全球产业链中扮演着越来越重要的角色。"科技型中小企业作为促进我国国民经济增长的重要基础单元，自身发展质量会对整个社会经济产生一定的影响。"① 科技型中小企业以其独特的创新能力和快速适应市场变化的能力，逐渐成为推动社会经济发展的重要力量。

第一，数字化转型。随着数字技术的快速发展，科技型中小企业正积极采用数字化解决方案来提高效率、降低成本和改善客户体验。这包括采用云计算、大数据分析、人工智能和物联网等技术，以优化业务流程并更好地满足市场需求。数字化转型将使中小企业更具竞争力，并能够更灵活地适应市场变化。

第二，创新生态系统。科技型中小企业越来越多地参与创新生态系统，与大型企业、初创企业、研究机构和政府部门建立合作关系。这种合作有助于共享资源、知识和市场渠道，推动创新并加速产品开发周期。创新生态系统的建立将为中小企业提供更广泛的机会，促进跨界合作。

第三，绿色技术和可持续发展。可持续发展已经成为全球议程的一部分，科技型中小企业正在积极探索绿色技术和环保解决方案。这包括清洁能源、循环经济、可再生资源利用等领域的创新。中小企业通过开发绿色技术，不仅有机会参与可持续产业的增长，还能够满足越来越严格的环保法规。

第四，人才和技能发展。科技型中小企业需要具备高度技术化的工作力量。因此，招聘和培养高素质的员工至关重要。这包括拥有科技专业背景的工程师、数据分析师和软件

---

① 马广强. 科技型中小企业股权投资估值评价体系研究［J］. 企业改革与管理，2023（15）：6.

开发人员，以及具备创新能力和解决问题能力的员工。为了吸引和留住这些人才，科技型中小企业需要提供有竞争力的薪酬和发展机会。

第五，国际化市场。全球化已经使市场变得更加互联互通，科技型中小企业有机会拓展国际市场。通过跨境电子商务、国际贸易合作和全球供应链参与，中小企业可以获得更广泛的客户群体和市场机会。然而，国际化也伴随着一系列挑战，如文化差异、法规遵守和货币风险等，中小企业需要谨慎应对。

第六，融资和投资。科技型中小企业通常需要大量的资本来支持研发、市场推广和扩大业务规模。因此，寻找适当的融资和投资渠道至关重要。除了传统的银行贷款，中小企业还可以寻求风险投资、天使投资和创业孵化器的支持。政府和私营部门也提供了一些资金和资源的支持，以促进科技型中小企业的发展。

第七，安全和隐私。随着科技的发展，数据安全和隐私保护变得尤为重要。中小企业需要采取适当的措施来保护客户数据和知识产权，以避免数据泄露和侵权问题。加强网络安全和合规性方面的投资将有助于建立信任，从而吸引更多客户和合作伙伴。

第二章
科技型中小企业的劳动关系与员工管理

第一节　劳动关系的构建

劳动关系是指劳动者与用人单位依法签订劳动合同而在劳动者与用人单位之间产生的法律关系。"劳动关系是社会经济生活中最基本、最重要的社会关系，企业构建稳定和谐的劳动关系关系着整个社会的和谐稳定。"① 科技型中小企业的员工在知识、技术和创新等要素上表现出较高的价值含量。

一、科技型中小企业劳动关系形态的目标定位

科技型中小企业成功的关键在于拥有较强的技术创新能力和自主知识产权，创新型人才及其团队创新能力的发挥是实现这一目标的唯一途径。

作为人力资本存量，员工的知识、技术和能力成为企业成功的关键资产，只有激发人才的创新活力，企业才有生存的可能并创造价值。由于创新过程及其最终结果具有不确定性，雇主和雇员均面临失败的风险，雇佣双方是否对风险具有大致对等的承受度，是双方能否开展合作的重要前提。作为企业风险的共同承担者，双方在合作过程中需要取得与各自职责相匹配的权利，尤其是对于研发设计人员，需要为其提供较大的创新空间，提升合作效率。

作为以提供创新性产品和服务为生存手段的科技型中小企业，雇佣双方合作伙伴关系建立的基础就是双方均对产品和服务具有良好的预期，通过合作能够创造较高的市场价值，以此作为双方合作的基本动力。在合作过程中，如果任何一方违背合作承诺，中断双方的合作关系，雇佣双方均须承担相应的后果。因此，通过一定的制约机制对双方的合作行为进行有效约束，对失信行为进行相应惩戒，是长久维持雇佣双方合作关系的基本保障。

---

① 郭英嘎. 中小型企业劳动关系管理现状分析及对策建议［J］. 企业改革与管理，2023（16）：93.

科技型中小企业自身的特性与构建合作型劳动关系所需的条件具有较强的契合性，科技型中小企业构建合作型劳动关系从理论上和实践上均具备一定的基础。因此，合作型劳动关系应该成为科技型中小企业劳动关系形态的目标定位。

二、科技型中小企业劳动关系的合理构建

　　合作型劳动关系的建立应该关注雇佣双方各自的利益，尤其注重雇佣双方之间利益的相互平衡，在此基础上通过利益整合明确双方的共同利益，借助一系列合作机制的建立和实施，以及对合作行为的引导，确保合作目标的达成和合作行为的维持。合作型劳动关系侧重于从组织的微观层面研究如何使雇佣双方通过合作实现劳动关系和谐的目标，即合作的过程是实现和谐目标的必备前提。只有经过充分合作才能达到劳动关系稳定的均衡状态，和谐目标也才能更加持久。

（一）合作型劳动关系的价值理念

　　合作型劳动关系这种新型的劳动关系形态更多聚焦于雇主和雇员合作目标的确立、合作过程的实施、合作目标的达成以及合作行为的维持。因此，合作型劳动关系所秉持的价值理念主要集中在以下三个方面。

　　1. 共治

　　合作型劳动关系的建立需要通过雇佣双方全方位和全过程的合作来实现。因此，从劳动关系治理的角度看，需要雇佣双方明确各自在治理过程中承担的职责，以利于合作关系的建立、实现与维持。

　　在合作型劳动关系的建立中，雇佣双方首先需要从组织治理的高度谋划双方的深度合作。作为组织战略规划中的一个子战略，人力资源战略已成为实现组织战略目标的一个重要支撑。因此，在企业的决策层就需要雇佣双方就合作的目标、方向和路径等经过充分沟通后达成共识，从而为双方的全方位深度合作提供战略指导。在合作过程中，雇佣双方合作关系的维持也需要建立有效的沟通机制，对合作过程中遇到的摩擦和障碍及时予以化解和排除。在劳动关系的共治中，特别需要关注雇佣双方在劳动关系治理中的共同责任，通过建立双方合作的平台，彼此将对方放于相对平等的地位，就各自所关注的利益问题展开对话与合作，经过充分的协商与沟通，化解双方不协调的行为，从而维持合作行为。

　　2. 共享

　　合作型劳动关系强调雇佣双方的全面、深度与持久合作，无论从合作的过程还是从合

作的持续性看，雇佣双方对信息和利益的共享都是维系合作的前提与保证。在我国现阶段，合作型劳动关系的建立尚属组织的管理创新与变革。在此过程中，要建立雇佣双方的信任与合作关系，更好地激励员工参与组织管理并承担有关责任，管理层有必要将企业战略目标、组织绩效标准、流程与技术变革、制度创新、业务标准等信息及时向员工传递和分享，增进员工对相关制度的理解，促进企业和员工之间的相互接纳，消除员工对创新与变革的抵触，更好地融入组织。作为员工，在全面掌握信息的基础上，可以更好地服务于团队建设，促进团队成员之间的相互协作，提高团队自我决策的科学化水平，提升团队的自我管理能力。因此，信息分享的过程也就是雇佣双方深度合作的过程，是影响最终合作效果的关键环节。

在信息共享的基础上，对雇佣双方合作成果的共享关系到能否构建持久性的合作型劳动关系。在传统劳资关系中，由劳资双方共同创造的利润往往由资方独享，双方利益分配的失衡导致劳资冲突与对立的根源难以真正消除。而雇佣双方对企业利润的分享，是劳动关系由冲突走向合作的基本途径。员工是人力资本的载体，物质资本与人力资本作为两种最基本的生产要素，二者通过签订契约形成较为复杂的关系，从而共同创造财富。作为生产过程中不可或缺的两种要素，两种资本产权具有相对平等性，这是人力资本与物质资本可以公平索取企业剩余的理论前提。因此，合作型劳动关系的建立与维持要求在企业内部形成公平完善的收益分配机制，通过对企业利润的共享，协调雇佣双方的利益关系，维系双方持久合作的根基。

3. 共赢

劳动关系的协调和运行是劳资双方双向互动的过程，对资方或劳方任何一方的过度保护都会破坏双方力量的均衡，导致双方很容易将目标聚焦于各自利益的分配，而不是共同将利益蛋糕做大，最终使双方的利益呈现出此消彼长的状态。

合作型劳动关系则要求雇佣双方首先明确各自的利益目标，劳资合作并不意味着消除双方的利益差异，事实上，合作型劳动关系是一种包容性劳动关系。在不同类型的企业，雇佣双方在产权的平等性方面存在较大差异，双方的力量对比和利益分配并非处于完全均衡状态。由于劳动力产权的确认存在一定的难度，以及劳动力市场上劳动力供求的失衡，在我国现阶段要实现劳资的完全平等还不具备现实可行性。因此，在合作型劳动关系的建立过程中，仍然离不开集体谈判、三方协商和共同参与等劳动关系协调机制来保障双方力量的相对均衡，从而促进双方利益相对均衡。而雇佣双方要实现共赢，就是在承认各自利益差异的基础上，整合双方的利益诉求，通过充分的沟通，找到双方利益的交会点，以此作为双方合作的动力与基础。在具体的合作过程中，需要紧紧围绕双方的共同利益和目标，对不利于共赢目标的行为及时纠偏，确保共赢目标的最终达成，并通过分享机制的建立与实施使双方的利益最终真正实现。

（二）科技型中小企业合作型劳动关系的构建对策

1. 政府层面的对策建议

企业合作型劳动关系的构建是实现社会和谐目标的微观基础，政府作为公共产品和公共服务的提供者，需要为合作型劳动关系的构建营造公平的外部环境。从科技型中小企业的角度出发，政府层面的对策主要包括以下方面。

（1）树立正确的价值导向，增强政府服务意识。为了促进科技型中小企业的健康发展，政府应树立正确的价值导向，将中小企业视为经济增长的引擎和就业机会的创造者。政府官员和工作人员应当提高服务意识，更加积极主动地倾听企业的需求，为其提供支持和协助。政府部门可以设立专门的窗口，协助企业解决劳动关系中的问题，提供相关咨询和培训，以加强政府与企业之间的互信。

（2）制定有利于科技型中小企业健康发展的经济政策。政府应当制定并实施一系列有利于科技型中小企业健康发展的经济政策。这包括提供财政支持，如减税政策和创新奖励，以鼓励企业加大研发投入和技术创新。政府还可以推动金融机构为这些企业提供更多的融资渠道，以解决资金短缺问题。此外，政府还可以支持科技型中小企业参与国际竞争，推动其产品和服务走向国际市场。

（3）完善劳动法律法规，提高法律和政策的执行力。为了建立合作型劳动关系，政府需要不断完善劳动规章制度，以确保劳动者和雇主的权益得到平等保护。这包括明确雇佣合同的内容和标准，规定工资支付方式和周期，以及建立劳动争议解决机制。政府还应当加强对法律和政策的执行力，确保雇主遵守法规，保护劳动者的权益，防止不正当解雇和工资拖欠等问题的发生。

（4）充分利用大数据技术，提高劳动力市场信息化水平。政府可以借助大数据技术来提高劳动力市场的信息化水平，以更好地匹配供需双方的需求。政府部门可以建立劳动力市场信息平台，为企业和劳动者提供关于招聘、职位需求和劳动力供应的实时信息。这将有助于提高市场的透明度，降低信息不对称，使合作型劳动关系更加高效。

2. 企业层面的对策建议

（1）以组织文化为引领，完善企业治理结构。组织文化是科技型中小企业成功的关键，也是促进合作型劳动关系的基础。企业应该以文化为引领，建立积极的企业环境和价值观。领导层应当明确传达组织的愿景和价值观，以激发员工的工作激情。此外，企业治理结构的完善也是关键。建立透明的治理机制和决策流程，确保员工有参与决策的机会，将员工视为组织的合作伙伴，而不仅仅是劳动力。这将有助于建立更加合作和协调的劳动关系。

（2）以"共享"为基本原则，完善科技型中小企业收益分配制度。共享是促进合作的核心原则。企业应当建立公平的收益分配制度，确保员工与企业共享成功的果实。这可以通过制订激励计划、奖励系统和分红政策来实现。此外，企业还可以考虑建立员工持股计划，使员工成为企业的股东，从而增加他们对企业绩效的关注和参与。这种共享机制将激励员工更积极地投入工作，促进团队合作。

（3）注重员工培训与职业生涯发展，挖掘员工合作潜能。为了促进合作型劳动关系，科技型中小企业应重视员工的培训和职业生涯发展。提供持续的培训和发展机会，帮助员工提升技能，不仅有助于满足企业的需求，还可以激发员工的归属感。员工也应被鼓励积极参与项目，提出创新性的想法，并分享知识。通过这些举措，企业可以挖掘员工的合作潜能，促进更好的团队协作和知识共享。

（4）加强团队建设，提高团队运行效率。在科技型中小企业中，团队合作尤为重要。为了加强合作型劳动关系，企业应加强团队建设。这包括鼓励团队成员之间的交流和协作，设立明确的目标和任务，以及建立有效的沟通渠道。此外，科技型中小企业可以采用团队绩效考核和奖励制度，激励员工共同合作，取得更好的业绩。通过加强团队建设，企业可以提高团队的运行效率，更好地满足客户需求，推动创新和发展。

3. 员工层面的对策建议

（1）加强工会建设，充分发挥工会职能。工会在促进合作型劳动关系中扮演着关键的角色。员工可以通过工会组织来维护他们的劳动权益，参与决策，提出建议，以及与雇主进行对话。为了加强工会的作用，员工应该积极参与工会活动，选举工会代表，推动工会更好地代表员工的利益。同时，雇主也应积极与工会进行对话和协商，以共同解决劳动关系中的问题，确保员工的声音得到充分听取。

（2）提高雇员合作意识，增强合作的主动性。员工的合作意识对于建立积极的劳动关系至关重要。员工应该认识到，合作不仅有助于提高工作效率，还可以创造更多的机会和福利。雇员应该积极主动地与同事和雇主合作，分享知识和经验，提出建议，以促进团队的成功。科技型中小企业可以通过激励措施，如奖励计划，鼓励员工积极参与合作，并认可他们的贡献。

（3）提供培训和发展机会，增强员工技能。提供培训和发展机会可以帮助员工提升技能，更好地应对工作挑战，同时也可以增强他们的合作能力。科技型中小企业可以投资于员工培训，帮助他们掌握新的技能和知识。这不仅有助于员工的个人成长，还可以提高团队的整体绩效。员工在不断学习和成长的过程中，更容易积极合作，推动合作型劳动关系的建立。

（4）制定明确的合作制度和流程。科技型中小企业应该制定明确的合作制度和流程，以帮助员工理解如何更好地参与合作。这可以包括建立团队合作的标准和目标，明确合作的责任分工，以及建立有效的沟通渠道。员工需要清楚知道如何提出建议、反馈问题，以及如何与同事和管理层进行协作。通过明确的制度和流程，员工将更容易理解和参与合作。

（5）鼓励员工参与决策。鼓励员工参与决策是建立合作型劳动关系的关键因素之一。员工应该被视为组织决策的一部分，他们的意见和建议应该得到重视。科技型中小企业可以设立员工参与决策的机制，如员工代表会议或建议箱，以便员工可以分享他们的看法和建议。通过这种方式，员工将感到更有归属感，更积极地参与合作。

第二节　员工的科学管理

一、科技型中小企业中员工的地位及作用

（一）员工的地位

科技型中小企业中，员工的地位具有至关重要的意义，因为他们是实施企业愿景和战略的关键执行者。

第一，员工在科技型中小企业中的地位与企业的成功密切相关。员工不仅是创新的推动者，还是产品和服务的开发者。他们的工作在许多情况下直接影响到企业的竞争力和市场份额。因此，雇主应该视员工为宝贵的资产，而不只是工作的执行者。

第二，为了提高员工的地位，企业需要采取一系列措施。首先，建立一个积极的企业文化至关重要。这包括鼓励员工提出创新性的想法，提供培训和发展机会，以及提供合理的薪酬和福利。其次，建立开放和透明的沟通渠道，使员工能够分享自己的看法和问题，有助于建立互信。

第三，员工的地位还可以通过提供晋升机会和职业发展计划来提高。科技型中小企业通常具有灵活的组织结构，因此，员工有机会参与多个项目并积累各种技能。这种机会有助于员工在企业内部升职，进一步提高他们的地位。

第四，员工的地位还与工作条件和平衡工作与生活之间的关系有关。科技型中小企业往往需要员工投入更多的时间和精力，以应对市场的快速变化和竞争的激烈性。因此，雇主应该确保员工的工作负担合理，避免过度工作和工作压力，以维护员工的健康和幸福。

第五，员工的地位还与员工参与决策的程度有关。雇主可以通过设立员工参与计划，鼓励员工参与企业战略的制定和决策，从而提高他们的地位。员工参与不仅有助于提高员工的满意度，还可以为企业带来新的创意和想法。

第六，科技型中小企业应该认识到员工的多样性，并致力创造一个包容的工作环境。不同背景和文化的员工带来了不同的观点和经验，有助于促进创新和解决问题。因此，雇主应该鼓励员工之间的合作和多样性，并采取措施来预防歧视和不平等待遇。

（二）员工的作用

第一，创新者和创造者。科技型中小企业的员工通常是创新的驱动力。他们不仅在新产品和服务的开发中发挥着关键作用，还推动着业务模型的不断创新。这些员工具有创造力，富有想象力，能够提出新的点子，并将它们转化为现实。他们为企业带来新的想法，新的方法和新的解决方案，从而使企业能够适应不断变化的市场环境。

第二，技术专家。在科技型中小企业中，技术专家是不可或缺的一部分。他们通常拥有深厚的专业知识和技能，能够维护和改进企业的技术基础设施。这些员工可能是软件工程师、数据分析师、网络工程师或其他技术领域的专家，他们负责确保企业的技术系统顺畅运行，保护企业的数据安全，并应对技术挑战。

第三，产品开发者。在科技型中小企业中，员工通常参与产品的研发和创造。他们设计、测试和改进产品，确保其满足客户需求并具有竞争优势。产品开发者需要深入了解市场趋势，不断改进产品，以确保企业能够保持竞争力。

第四，项目执行者。科技型中小企业通常同时进行多个项目，需要项目执行者来确保项目按时、按预算完成。他们协调团队成员的工作，监督项目进度，并解决问题。项目执行者的工作有助于提高项目的效率和成功交付，从而推动企业的增长。

第五，销售和市场专家。销售和市场专家在将产品和服务推向市场方面发挥着至关重要的作用。他们制定市场战略，与客户互动，促进销售，并建立品牌。他们了解市场需求，与客户建立关系，以确保产品成功进入市场。

第六，客户支持和服务人员。客户支持和服务人员是与客户直接接触的人员，他们解决客户问题，提供支持，回答疑问，并处理投诉。他们的工作有助于建立忠诚的客户基础，维护企业的声誉，促进再次购买和口碑传播。

第七，财务和管理人员。财务和管理人员负责确保企业的财务健康和可持续性。他们管理预算、财务报告、风险管理和战略规划。他们的工作有助于确保企业的长期发展和财务稳定。

第八，多元文化和跨职能团队。许多科技型中小企业拥有来自不同文化和背景的员工，这种多元文化的团队能够提供不同的视角和创新思维。此外，跨职能团队的存在也有助于员工之间的合作和知识共享，从而提高了企业的创新能力。员工在科技型中小企业中的作用是多样的，每个员工都有自己独特的技能和贡献。他们的协作和合作有助于实现企业的共同目标，并提高了企业的竞争力。此外，员工的忠诚和工作满意度也对企业的长期成功至关重要。

为了有效管理科技型中小企业中的员工，雇主可以采取一系列措施，包括建立积极的工作文化、提供培训和发展机会、鼓励员工参与决策、维护工作与生活的平衡、预防歧视和不平等待遇，以及关注员工的需求。通过这些措施，企业可以最大限度地发挥员工的潜力，实现更大的成功和可持续增长。

二、科技型中小企业员工流失问题的解决方案

（一）规划合适的职业发展路径

对于科技型中小企业来说使用员工有其自身的需求，每个人都希望在工作中得到领导和同事的认可，都想去学习新的知识提升个人实力或者是用职位的晋升去证明自己的能力，以此获得更多人的认可。人力资源一直是一个科技型中小企业最宝贵的财富，因此，科技型中小企业想要留住忠实的员工就必须要在员工的个人成长和职业发展上投入更多的力量。

1. 设置等级制晋升措施

员工的晋升是一个科技型中小企业筛选人才的途径和方法，同时也是员工个人获得前途发展，实现自我价值的方式。合理的晋升机制也是激发员工潜能最重要的方式之一。科技型中小企业想要留住员工，就要改善且完善员工晋升机制，设置等级制晋升措施，为科技型中小企业员工提供发展机会。

科技型中小企业设置等级制晋升的形式，即当有员工在满足晋升所需的工作年限的条件之后，对其进行能力考核确认该员工是否可以晋升，若通过考核便给予其适当的晋升措施虽然科技型中小企业的管理岗位有限，给予不了员工更多的岗位和职权，但是可以给予满足条件且考核通过的员工其上级岗位的薪资、待遇以及相关福利。如经营管理部的员工

在工作满足三年后，可以进行晋升考核，且该员工的能力突出并且顺利地通过晋级考核，在其上级岗位部门助理仍然有人在职的情况下，给予该员工和部门助理相同的薪资待遇以及相应的福利政策，使员工在满足条件的情况下获得发展机会。通过以上这种晋升方式可以有效避免出现上级岗位无法晋升时其下级员工也无法晋升的现象，对于科技型中小企业来说，既可以提高员工的积极性也可以在一定程度上有效减少人力成本，避免出现"人才天花板"。

2. 建立快速晋升绿色通道

想要留住精英人才就要为其提供具有针对性的人才保障体系，让精英人才更有成长的机会。科技型中小企业内各职能部门的一些员工都具备着一定的发展潜力，有些员工在刚入职企业不久便为企业做出了重大的贡献，如系统项目部的业务人员在某一项目中为企业带来的利润等同于其他员工一年为科技型中小企业带来的利润，或者经营管理部在很短的时间内为企业争取到政府的政策补助或者专项资金等。

对于这类精英员工，如果按照以往的晋升管理制度则有可能会造成精英员工的不满甚至是对科技型中小企业失望，从而造成流失现象。对此，科技型中小企业首先应该着重关注这类精英员工的发展动向，由科技型中小企业人事部门对这些在短时间内为企业做出巨大贡献的员工进行统计，并报给高层管理者对其进行持续关注，在经过一段时间的关注后，确认该类员工确实业绩水平优秀、能力突出，是可以持续性为企业带来经济价值或重大贡献，而并非偶然事件。对于这类精英员工，建议科技型中小企业为其建立快速晋升绿色通道，将精英员工晋升至上层职级，打通其职业发展存在的难点，更好地实现职业生涯管理效果。这既可以帮助精英员工完成自我实现价值，使精英员工在工作中找到奋斗方向和工作动力，同时让其对科技型中小企业更加信任和感激，也可以推动科技型中小企业管理水平的提升。

3. 构建公开透明的晋升渠道

公开透明的晋升渠道可以最大限度地保证员工晋升结果的公正性，有效降低甚至消除员工的消极情绪，同时保持员工的工作积极性。科技型中小企业在进行晋升考核时，要始终坚持公开透明的原则。即在进行员工晋升考核之前，科技型中小企业人事部门应向全体职工公示晋升考核的内容和标准，如业绩水平、技术贡献、资历以及个人能力等方面的考核标准。

明确员工晋升的流程，先由各部门挑选出符合晋升条件的员工，汇报至科技型中小企业人事部门，并对各部门上报的可参加晋级的候选人进行横纵向比较，综合考察各员工后对企业内部员工公示晋级考核候选人名单，接受各员工的监督，接着继续由科技型中小企业人事部门组织考核工作，参加考核的员工进行晋升考核汇报，并由科技型中小企业人事部门及考核人员对参加晋升考核员工对个人能力、业绩水平以及为企业做出贡献进行评估打分，确认哪位员工符合晋升的标准。

通过分数的高低确认晋升名单，并在全企业进行公示，同时设置公示期以便员工对其作出反映。从晋升候选人名单提出到最后的晋升结果公示的全部过程，都要对所有参加考核的员工一视同仁，不可以偏袒或带有个人感情色彩。要让科技型中小企业员工清楚地了解该员工是怎样被提名的、取得了什么样的成绩、其是否符合晋升的条件、在考核中是否达到了考核的标准，以及考核的结果是否公正等。公开透明的晋升渠道可以更加公平地对待员工，也可以体现科技型中小企业对员工的尊重和重视，有效改善上下级之间的关系，为科技型中小企业留住优秀的人才。

4. 强化员工自我提升意识

在科技型中小企业为员工规划合适的职业发展路径的同时，也要强化员工自我提升的意识。在职位上晋升以及获得职业上的发展是每个员工都希望达到的目标，机会永远都是留给那些有所准备的人的。因此，科技型中小企业要通过强化员工的自我提升意识来改变员工的状态，增加其职业发展的可能性。

（1）树立自我提升的观念，要明确地向企业内员工说明晋升所需要满足的基本条件，以及晋升的考核方式，通过引导的方式帮助科技型中小企业员工了解如何自我提升，进而让员工为其自身的提升做出合理规划。

（2）激励员工进行自我提升，并积极推动科技型中小企业的员工参加各项资格证书以及学习相关课程。可以通过为其增加薪酬待遇或者补贴的形式帮助员工进行自我提升，如员工报考经济师、会计师、工程师等专业资格证书，科技型中小企业将给予通过考核的员工每月增加职称奖金以鼓励员工完成个人提升，科技型中小企业则对获得录取通知书的员工报销其学费的30％协助他们顺利完成学业。在这种激励机制下，科技型中小企业员工既能增强自我提升的认识，又能使其体会到科技型中小企业的关怀和温暖，增强其对科技型中小企业的归属感和忠诚度，从而实现员工与科技型中小企业的共同发展。

（二）设计规范的绩效考核体系

绩效考核在当今现代科技型中小企业管理体系当中被广泛应用，想要留住科技型中小企业员工就要去设计出科学完善的绩效考核制度。

1. 建立完善的绩效考核指标

建立完善的绩效考核指标的目的主要有三个：

（1）建立完善的绩效考核指标有助于引导员工，使其能够有效地完成既定的工作任务。这是因为这些指标可以明确定义工作职责和期望，为员工提供了明确的方向。员工知道他们被期望完成的任务和目标是什么，这有助于提高工作效率和生产力。此外，绩效考核指标还可以为员工提供工作重点和优先事项的指引，帮助他们更好地管理自己的时间和资源。通过这种方式，组织能够确保员工的工作与组织的战略目标相一致，从而增强了整体绩效。

（2）建立完善的绩效考核指标有助于建立相对公平的竞争机制。这是因为这些指标通常是基于客观的标准制定的，而不是主观判断。这种客观性有助于消除偏见和不公平，确保每个员工都有平等的机会在绩效评估中脱颖而出。公平的绩效考核制度激发了员工的积极性和动力，因为他们知道他们的成绩将会公正地被评估。此外，这种公平性还有助于维护员工之间的和谐关系，减少了内部不满和纷争。

（3）建立完善的绩效考核指标可以帮助员工进行自我检查，了解差距并改进工作绩效。通过定期的绩效评估，员工可以更清晰地了解自己的强项和发展领域。他们可以识别出哪些方面需要改进和提高，从而有机会采取措施来弥补这些差距。这种反馈机制有助于员工不断提升自己的能力和技能，使他们成为更有价值的团队成员。此外，员工也可以利用绩效考核指标来制订个人发展计划，设定自己的职业目标，并追踪他们的进展。

2. 增加线上线下绩效沟通渠道

绩效说明在绩效管理体系中虽然不被重视，其作用却非常大，充足的绩效说明渠道可以让所有的员工对绩效考核制度了如指掌，员工可以按照绩效考核管理制度的要求去进行工作，最大化地发挥绩效考核体系的作用。科技型中小企业应该拓宽其绩效说明的渠道，之前通过企业自动办公系统以及公告栏发布消息就是因为员工的关注度不够以及信息的存续性不足，使部分员工没有看到相关的说明。

如今微信的使用在人们的生活中占据着很大一部分时间，员工使用微信工作和生活。且通过微信进行绩效说明的方式长期有效，不仅可以减少员工对于信息不知晓的情况，还可以增加员工对于科技型中小企业微信公众号的关注度。邮箱也是员工在工作中比较常用的软件，以微信与邮箱相结合的方式进行绩效说明，可以有效提升员工对于新消息的知情率。此外，科技型中小企业还可以通过线下部门召开会议的方式使部门负责人对该部门内的员工进行培训、讲解以及答疑，通过部门会议的方式帮助员工更好地解读信息的内容。

3. 补充不同的绩效考核周期

实现绩效考核需要投入一定的人力、物力甚至是财力，绩效考核的周期过短会则增加科技型中小企业的管理成本；绩效考核周期过长则又会影响到绩效考核的精准度，不利于员工改进工作状态，进而会影响到绩效考核的效果。

管理岗位绩效考核的指标是对科技型中小企业经营中的管理状况进行评价。这类员工主要负责科技型中小企业战略的实施，所以其考核指标在短时间内不容易看到成效。对于该类管理人员可以采用较长期的绩效考核周期，如：高层管理者的绩效考核周期可以设置为一年，其他中层或者是部门负责人的考核周期设置为半年。对于业务人员及行政人员，他们的考核指标集中在销售额、利润、客户满意度、领导指派任务完成情况以及企业正常运作中的工作等，以上工作内容应根据企业的具体运营情况及时调整。所以，对于业务人员及行政人员的考核可以采用长短期结合的方式，比如，以每季度考核核算其绩效奖金，同时在年底时进行综合绩效考核，可以有利于提高这类员工的工作积极性。对于技术人员的绩效考核，由于各个项目的周期不同，可以按照参与的项目进行考核。若是大型项目，项目周期比较长，可以按照项目的阶段性时间节点以及交付成果进行考核，在整个项目结束后再对其进行综合考核。若是小型项目，且项目周期又在半年之内，则可以对其进行季度考核，在项目完工或者验收之后再对之进行综合考核。通过多种考核周期对不同岗位的员工进行考核，可以有效减少科技型中小企业的人力物力损耗，合理化优化绩效考核周期。

4. 扩充多元化的绩效结果应用

绩效管理体系建立最终的目的是根据绩效考核的结果对各员工在工作中的表现与价值进行综合判定，进行绩效考核结果应用，对员工的工作进行激励并指导员工日后的发展，这是绩效考核管理的重中之重。绩效结果应用就是通过员工绩效考核的评价对员工进行相应的奖励与惩罚，通过绩效考核的应用使员工在企业内形成良性竞争。所以，建议科技型中小企业扩充完善的绩效考核结果应用，员工奖金发放方面仅是最基础的应用，还可以在其他领域发挥更高效的作用。

（1）确认员工的绩效考核等级，将其作为科技型中小企业员工薪酬调节的重要工具，科技型中小企业可以根据员工考核的表现以及分数，来判定该员工是否进行加薪或者是降薪，以此增强薪酬的激励效果。

（2）绩效结果可以作为员工晋升的重要依据。考核结果可以为科技型中小企业员工的职位变化提供一个有效的参考依据。在员工晋升时，如果某个员工在工作方面的绩效成果表现得较为出色，则可以优先考虑给予该员工提拔并在工作中承担更多的责任。

（3）绩效考核结果也可用于员工福利待遇发放的参考依据。科技型中小企业可以根据员工的绩效考核结果为其提供更加全面的福利待遇，如绩效考核结果优秀的员工可以给予其外出学习的机会，甚至是进行高端培训，还可以为考核结果优秀的员工提供额外的激励奖金等。对于绩效考核结果奖励方面的全面应用，可以使绩效考核的激励作用最大化，激发员工的工作热情。同时，对业绩考核结果惩罚方面的措施可以作为科技型中小企业员工提升危机感与竞争意识的手段。

（三）健全完善的员工培训制度

1. 精准定位培训对象

科技型中小企业作为一个知识密集、技术密集的国有科技型中小企业，对于员工的个人素质有着较高的要求。想要做好员工培训工作就要精准定位培训的对象，一个明确的培训对象划分可以使员工在工作中有效获得学习的机会，提升个人能力和软实力。既可以满足科技型中小企业员工自身成长发展的需求，也可以增加科技型中小企业的竞争力。科技型中小企业的各个员工是在不同时期进入企业的，所以每个员工有着不同的工作经验，工作能力也大不相同。

（1）对于那些新进入企业以及工作年限较短的员工，基础的培训则可以有效提升该类员工的水平和能力。根据培训需求表了解当下各部门是否需要进行培训、哪些员工需要培训或者是进行什么内容的培训。

（2）根据员工的岗位职能、工作年限、业绩水平的不同，确定不同的培训群体及相应的培训内容。工作时间较短、经验较少的员工对其采用基础或普通的培训来帮助该类员工打好基础，为日后的深层次的培训打好地基；对于工作时间较长、工作经验丰富的老员工，在进行基础培训时把其筛选到培训范围之外，只有在进行深层次的培训时让其参加，以保障老员工的工作状态和效率。根据培训对象的精准定位，科学地划分培训群体并对其进行专项培训，可以有效提升培训质量。

2. 加强培训师资队伍建设

专业的培训讲师可以大幅度提升培训的质量，也会优化培训的最终效果。相同的培训内容在不同讲师的讲解下，其效果也是大有不同。所以，科技型中小企业要加强培训师资队伍的建设，主要分为以下三个方面。

（1）科技型中小企业可以先从企业内部寻找资源，进行内部培训讲师的培养。根据员工培训需求表了解企业或各部门的培训需求，去挑选各职能部门核心员工和业务骨干作为培训讲师候选人并与其部门负责人进行沟通协调，提升这些员工培训工作的积极性，再对这些员工进行辅导，以便培养成企业内部培训讲师。这类员工可以作为新员工入职的培训师，他们对于各自的岗位非常熟悉且经验丰富，可以很好地帮助新员工熟悉企业和岗位职责。

（2）遴选外部优秀师资，增加更多的师资力量。通过和科技型中小企业内员工的沟通得知各个阶层的员工对于培训的需求都非常大，同时各个层级员工的培训需求也是不一样的。科技型中小企业内部培训无法满足这些员工的需求，则科技型中小企业就需要向社会或高校招募相关专业的培训讲师。更强的师资力量才会达到更强有力的培训效果，根据各员工的培训需求筛选出合适的培训讲师，并聘请为科技型中小企业的金牌讲师。通过扩充外部师资力量有效缓解其培训师资不足的情况。

（3）建立电子培训系统，将外部讲师与企业内部选拔出来的讲师相结合，建立培训讲师资源库，充分发挥培训的师资力量，形成内外部资源相互补充、相互促进，达到培训最大化的目的。同时，建立科技型中小企业的在线教学平台，将企业内员工以及外聘讲师所培训的内容形成录课文件，建立自学资源库放入企业 ERP 系统内，方便员工在任何时候可以根据自身情况去选择相应的课程，以便员工的不时之需。

3. 建立完善的培训反馈机制

（1）在每次培训结束之后，科技型中小企业要按照培训的内容设计试卷，对于参加的员工进行考核，通过试卷的填写情况全面了解员工对于培训内容的掌握情况，以便对日后的培训内容及培训周期进行调整。

（2）科技型中小企业应该重新设计员工培训满意度调查方案，通过问卷调查的形式了解员工对整体的培训过程是否满意。通过调查使科技型中小企业可以了解员工对于培训课程内容、培训讲师是否满意甚至是培训管理是否合理。

（3）建立培训问题的反馈机制，这里分为两个部分：①将问题反馈到企业人事部门，方便部门了解员工培训中存在的各个问题，从而优化下一次的培训内容或培训方式。②将培训中存在的问题反馈给培训讲师，让讲师了解在培训中哪个环节员工没有跟上进度，或者没有讲解到位，使其在下一次的培训中进行改善与提升。建立完善的培训反馈机制，改进培训效果，进而提高科技型中小企业的绩效，推动科技型中小企业不断发展。

三、科技型中小企业员工流失问题解决的保障措施

为了实现公平公正的薪酬奖励机制、合适的职业发展路径以及健全的员工培训机制，由科技型中小企业内部构建起各项保障措施，通过各保障措施相互结合、相互作用构建起一系列工作机制和规范准则。构建科技型中小企业员工流失保障措施需要企业上下达成共识、统一行动，需要资金经费作支持，需要给予本课题上述的实施方案一些时间，其最终的落地还需要配备能力强、素质高的相关人员进一步执行。因此，科技型中小企业员工流

失问题的保障措施由领导保障、资金保障、时间保障以及人员保障所组成，领导保障作为整个保障措施的前提，资金保障为基础，时间以及人员保障为整个保障措施的基础和关键。

（一）领导保障

科技型中小企业员工流失保障措施中的领导保障是应对员工流失方案实施的前提，是有效实施各项应对措施和增强员工凝聚力的必然需要。因此，科技型中小企业各级管理人员应该将员工流失问题摆在与科技型中小企业的发展战略同一高度上，充分发挥领导者的领导作用，保障应对员工流失的策略得以实施，同时要制定一个解决员工流失问题的整体计划和长远的发展战略，分析员工流失动态和掌握应对员工流失的方案具体开展情况，有效利用领导和组织中领导者与科技型中小企业人事部门的管理作用，为降低员工流失目标的实现提供强有力的领导保障。

由于科技型中小企业各部门之间的员工，除了工作需求外，其他方面的交流比较少，所以组织中的管理者应该对组织中的人力资源管理进行督促和指导，使各部门能够充分发挥各自的作用、达到通力合作的目的。通过对科技型中小企业各职能部门进行指导和宏观调控，保证了员工流失问题实施的方案可以得到切实的执行和具体的落地。

在所有实施的方案中，科技型中小企业人事部门承担着关键点工作和责任，是员工流失问题对策具体实施的主要职能部门，在组织管理者的指导下，建立和完善绩效考核制度和员工培训制度等事宜，对各部门员工实施宏观管理。财务中心负责为员工流失的实施方案提供各种财政开支，以便保证实施方案所使用的资金能够随着执行情况的不断改变而有所改变。党委办公室、工会以及综合办公室要在员工流失问题对策中起到发挥思想引领、营造科技型中小企业文化、树立典型榜样示范等可以增强员工使命感和认同感的作用。企划营销部以及系统项目部要与科技型中小企业人事部门进行合作，甄别优秀人才，使其担任企业内部培训师，为各员工进行培训和指导。通过组织中管理人员的重视，能够促进各部门的有效交流，从而保证员工流失的各种优化措施得到充分执行。

（二）资金保障

针对员工离职的具体实施方案，必须有相应的财政支撑作为保障，资金保障指的是通过增加资金经费的投入和物质的投入，为应对员工流失所实施的方案提供相应的资金、设备等方面的支持，从而保障员工流失对策的各项工作可以有效实施、有序开展。资金保障是一种重要的手段。

科技型中小企业应该建立专项资金来优化员工的薪酬、福利体系、培训体系、员工晋升以及企业文化等方面。明确在员工流失应对方案中投入的经费比重，保障企业人事部门和各职能部门的执行费用以及用于员工培训、晋升、管理的有效开支，确保各项实施方案所需的资金和物质条件能够按时提供。

在各项实施的方案中，要明确资金的使用比重，如设立一笔专门的科技型中小企业文化培养专项基金，用于进行员工思想政治教育工作、主题教育活动、团建以及相关科技型中小企业文化方面的建设。要合理地将有限的资金用于员工福利和员工发展方面上，要理性地分析员工流失实施方案在不同阶段、不同时期的工作难点与重点，以便集中精力和资金去突破难点，使得资金得到最有效的发挥。一方面科技型中小企业要在企业内部进行大量的投资建立资金保障，为企业的发展创造条件；另一方面科技型中小企业也要积极争取各类外部经费的支持，如积极争取国家为科技型中小企业拨付的专项经费、地方财政拨款以及与大学或高校建立战略伙伴关系等，通过寻求社会层面的资金支持，为企业的人才培养计划提供充足的资金保障。

（三）时间保障

科技型中小企业员工流失问题的改善，是一项长期的系统工程。要实现这一点，需要经过长期的工作和努力，要有更多的科学措施，要有足够的耐心同时还要有足够的时间。

为了有效优化科技型中小企业员工流失的问题，为其提出建立相应的时间保障措施。针对实施方案中出现的问题进行汇总，并收集各方面的反馈意见，对方案的执行情况进行总结，并对方案的执行情况进行分析，及时对方案进行改进优化和提升，以确保其持续实施下去，最大限度地保障方案的顺利进行，从而达到预期的效果以及课题目标的实现。

（四）人员保障

科技型中小企业的人力资源管理者既是一名人力资源的操控者或行政人员，也是企业战略发展目标、提高企业经营业绩、为科技型中小企业提供决策支持的关键。同时，在现在竞争日益激烈的情况下，科技型中小企业的员工流失问题也越来越严峻，对人力资源管理者的素质、专业水平和知识水平的要求也越来越高。

科技型中小企业需要其具备高质量的专业知识、强烈的领导魅力、出色的团队领导能力。科技型中小企业组建一支专业的人力资源管理团队，为科技型中小企业的人力资源管理体系提供人才支撑，为应对员工流失实施方案提供相应的人员保障。结合当前的市场和时代发展的需要，并根据科技型中小企业的战略发展目标，构建符合科技型中小企业发展需要的人力资源管理队伍制度，既要加强现有的人才，也要注重对此类人才的引进，以此提高科技型中小企业的人力资源管理水平和经营能力，为避免员工流失问题提供有效的人员保障。

第三节 员工的激励机制

一、科技型中小企业中核心员工激励机制

（一）科技型中小企业核心员工的特点

核心员工是指对企业有特殊战略意义的员工，拥有较高的专业技能，在工作中积累了丰富的岗位经验，拥有较强的创新意愿及能力，担任企业核心业务岗位及职务的，占员工总数10%~30%的不可替代的企业市场、技术及管理岗位员工。"科技型中小企业的核心员工作为企业的稀缺资源，对企业的持续发展具有重要影响。"[①] 科技型中小企业核心员工的特点如下。

第一，文化程度较高，思想体系更为健全。科技型中小企业的核心员工通常拥有相对较高的学历和专业背景。他们在知识的积累上投入了大量的时间和精力，这使他们具备了深厚的专业知识和扎实的学术基础。除此之外，他们的思想体系更为健全，更容易理解和适应企业的战略和愿景，有利于与企业保持一致性。

第二，思维及理念上更为先进，个性更突出。核心员工往往在思维和理念上更为开放和先进。他们不仅具备出色的创新能力，还能够快速适应不断变化的科技和市场趋势。此外，他们的个性更为突出，敢于冒险，愿意承担责任，这使他们成为企业的领军者和变革者。

第三，工作上发挥核心作用，对于独当一面的能力要求比较高。科技型中小企业核心员工在工作中通常扮演着关键的角色。他们不仅要具备卓越的专业技能，还需要具备独当一面的能力，能够在复杂的环境中独立工作并解决问题。他们的职责不仅是执行任务，还要制定战略和决策，这对他们的领导能力提出了更高要求。

第四，学习能力及学习意愿很强。科技型中小企业的核心员工明白，科技行业的竞争和发展速度非常快，要不断学习和更新知识才能跟上潮流。因此，他们具有强烈的学习意愿和学习能力。他们愿意不断提升自己的技能，积极参加培训和学习活动，以确保自己始终保持竞争力。

第五，获取其他企业资讯的途径更多，工作积极性容易受到影响。科技型中小企业核

---

① 张熠，曹坤鹏．科技型中小企业核心员工激励机制优化研究［J］．中国集体经济，2021（11）：101-102.

心员工通常会与同行业的其他企业有着广泛的联系，这使他们可以更容易地获取其他企业的信息和经验。尽管这有助于知识的分享和借鉴，但有时也会让他们受到外部信息的影响，导致在工作中产生不必要的紧张和焦虑感。

第六，更希望获得人生价值的追求。与传统企业不同，科技型中小企业的核心员工更注重工作与生活的平衡，更追求个人的成长和价值。他们希望通过自己的工作为社会和科技的发展作出贡献，而不仅仅是谋取经济回报。这种追求人生价值的动力使他们在工作中更有激情和动力。

第七，其流动性更强。科技型中小企业的核心员工通常具有更高的流动性，他们可能会频繁地在不同企业之间切换工作，以追求更好的机会和挑战。这也为他们提供了更广阔的职业发展空间，同时也为企业带来了挑战，需要更多的留住人才的策略。

（二）核心员工激励机制的优化原则与措施

1. 企业核心员工激励机制优化原则

科技型中小企业的健康发展需要核心员工，有效的激励机制能够发挥员工的潜能，为企业注入强大的动力和生命力，促进其战略目标实现。企业核心员工激励机制优化原则如下。

（1）以人为本的差异化原则。每个核心员工都是独特的，拥有不同的技能、经验和贡献。因此，激励机制应该以人为本，根据员工的个体特点和表现差异化设计。这可以通过制订个性化的职业发展计划、提供专门的培训和发展机会来实现。差异化的激励可以更好地满足员工的需求，激发他们的积极性，使其感受到企业的重视。

（2）坚持公平的原则。公平是一个有效的激励机制的基础。员工需要感知到他们被公平对待且他们的辛勤工作会得到公正的回报。为了确保公平，企业应该建立透明的激励体系，明确激励政策和标准，确保决策过程公正无私。此外，企业还应该定期审查和调整激励机制，以确保它们仍然适应员工的需求和市场的变化。

（3）精神激励与物质激励并行的原则。激励不仅仅是金钱，也包括精神激励，如认可、表扬和职业成长机会。核心员工往往更注重工作的挑战和使命感，因此，企业应该提供机会让他们参与有意义的项目和任务。此外，适当的薪酬、奖金和福利也是激励的重要组成部分。通过平衡精神激励和物质激励，企业可以更好地满足员工的多样化需求。

（4）奖励与惩罚结合的原则。奖励和惩罚应该是激励机制的两个重要方面。奖励可以激发员工的积极性和动力，而惩罚则可以防止不当行为和低绩效。企业应该建立明确的奖励和惩罚机制，确保员工明白他们的行为和表现会对他们的职业发展产生影响。然而，惩罚应该是公平和适度的，避免过度惩罚，以免伤害员工的士气和忠诚度。

（5）激励适当适度的原则。激励机制应该是适度的，既不过分激励，也不过度限制。过度激励可能导致资源浪费和员工的不正当行为，而过度限制则可能导致员工不满和流失。企业需要综合考虑员工的贡献和市场的竞争情况，确保激励是适当的。此外，激励机制应该是可持续的，不仅关注短期成果，还要关注员工的长期职业发展和满意度。

2. 企业核心员工激励机制的优化措施

（1）科技型中小企业员工薪酬激励优化。在当今竞争激烈的商业环境中，科技型中小企业越来越依赖于吸引和留住高素质员工，以保持其创新和竞争力。而一个有效的员工薪酬激励体系在这个过程中扮演着关键的角色。

第一，成立企业薪酬管理小组。科技型中小企业为了提供薪酬优化的组织保障，首先需要成立一个专门的企业薪酬管理小组。这个小组应该由跨部门的专业人员组成，他们可以负责制定、执行和监督薪酬政策。该小组的任务包括确保薪酬策略与企业目标相一致，同时也要关注员工的薪酬需求和市场趋势。

第二，对行业薪酬水平动态跟踪。科技行业的薪酬水平可能会不断变化，因此企业需要建立一种机制来动态跟踪行业薪酬水平。这可以通过参与薪酬调查、咨询行业专家以及监测竞争对手的薪酬情况来实现。这些信息将有助于确保企业的薪酬政策保持竞争力。

第三，制定差异化的薪酬结构。差异化的薪酬结构是员工薪酬激励的重要组成部分。首先，企业可以考虑建立不同的薪酬结构，以满足不同层级和岗位的员工需求。例如，可以制定高层管理人员的薪酬结构，以及其他核心员工的薪酬结构。

对于高层管理人员，薪酬结构可以包括基本工资、奖金、股权激励和福利待遇。这可以激励他们为企业的长期成功而努力工作。对于其他核心员工，薪酬结构可以更加灵活，以奖励卓越的绩效和贡献。

第四，绩效考核优化。绩效考核是薪酬激励的关键组成部分。首先，企业应该建立一个动态的绩效考核评估体系，以确保员工的绩效评估是公平和准确的。这可以包括设定明确的绩效指标、定期的绩效评估和反馈机制。其次，绩效考核过程应该具有高度的透明度。员工需要清楚了解他们的绩效是如何被评估的，以及绩效评估将如何影响他们的薪酬。透明的绩效考核可以增加员工的动力和投入。最后，企业可以建立绩效考核申诉制度，允许员工对他们的绩效评估提出异议，并提供一个公平的机会来解决争议。

第五，引入长期股权激励。长期股权激励是一种强大的员工激励工具。它可以帮助员工与企业的长期成功联系起来，激励他们为企业的增长和价值创造而努力工作。企业可以通过向员工提供股票或股票期权来引入长期股权激励计划。这将使员工在企业的未来表现与其个人财务利益之间建立紧密联系。

（2）科技型中小企业员工福利激励优化

第一，提供多样化的福利。员工福利并不仅仅限于工资和奖金。企业可以通过提供多样化的福利来满足不同员工的需求。这包括健康保险、退休计划、灵活的工作时间、带薪休假、员工股票期权、子女教育支持等。通过提供多样化的福利选择，企业可以更好地满足员工的个性化需求，提高员工满意度。

第二，关注员工健康和福祉。员工的健康和福祉对于其工作表现至关重要。科技型中小企业可以提供健康保险计划、健身会籍、心理健康支持等福利，以帮助员工保持身体健康和心理健康。此外，企业还可以鼓励员工参与健康活动，如定期体检和健康生活方式促进计划，以增加员工的健康意识。

第三，提供职业发展机会。员工通常渴望在职业生涯中有机会成长和发展。为了激励员工，企业可以提供培训和发展计划，以帮助他们提升技能并晋升。此外，企业还可以设立晋升通道，鼓励内部晋升，以奖励员工的表现和忠诚度。

第四，鼓励工作与生活的平衡。工作与生活的平衡对于员工的幸福感和工作满意度至关重要。科技型中小企业可以采取一系列措施来支持员工在工作和生活之间取得平衡。这包括灵活的工作安排，远程办公选项，带薪病假和家庭假期，以及鼓励员工利用年假来放松和充电。

第五，建立开放沟通渠道。开放和透明的沟通是建立员工信任和满意度的关键。企业可以设立定期的员工反馈渠道，鼓励员工提出建议和问题。此外，企业应该确保员工了解他们的福利和激励计划，并提供清晰的信息以解答员工的疑虑。

第六，激励创新。创新是科技型中小企业成功的关键因素之一。为了激励员工创新，企业可以设立创新奖励计划，鼓励员工提出新的想法和解决方案。这些奖励可以包括现金奖励、股票期权或其他形式的激励，以奖励创新思维和行动。

第七，建立福利管理小组。为了有效管理员工福利激励计划，企业可以设立一个专门的福利管理小组。这个小组负责监督福利计划的执行，确保计划与企业目标相一致，同时也关注员工的需求和市场趋势。福利管理小组可以不断评估和优化福利计划，以确保其与时俱进。

（3）科技型中小企业员工授权激励优化

第一，明确授权原则。为了有效地推行员工授权激励，首先需要明确授权的原则。企业应该建立清晰的授权政策，明确权力和责任的分配，以及员工在授权范围内的自主权。这些原则应该与企业的战略目标相一致，并在员工培训和意识提升中得到充分传达。授权的原则应该强调信任和责任。员工应该被信任，企业应相信他们具备能力和智慧来做出正确的决策。同时,员工也需要明白他们对决策结果的负责,这将激发他们更加谨慎和负责任地行事。

第二,建立规范的授权制度。建立规范的授权制度是确保授权激励有效运作的关键。企业应该制定明确的授权流程,包括权力的授予和撤销程序,授权文件的制定和维护,以及对授权决策的监督和评估。这些制度应该确保授权不会被滥用或误解,同时也能够及时纠正任何潜在的问题。制度还应该涵盖风险管理措施。企业需要明确定义哪些决策可以被授权,哪些需要上级批准,以及如何应对潜在的风险。这可以通过制定清晰的决策标准和风险评估程序来实现。

第三,积极的事中控制。在员工获得权力之后,企业应该积极与核心员工进行交流,帮助解答他们在自主执行过程中遇到的困惑。这可以通过定期的会议、沟通渠道和反馈机制来实现。企业管理层应该为员工提供支持,确保他们能够顺利履行授权任务。此外,企业应该营造友好和谐的沟通氛围,鼓励员工分享他们的想法和问题。这可以通过开放的对话、团队建设活动和领导力培训来实现。友好的沟通氛围将有助于建立信任和协作,提高员工的工作满意度。

第四,事后反馈。管理层应该通过核心员工经过授权后的满意度和工作业绩来评价激励的效果。这可以通过定期的绩效评估和反馈机制来实现。如果员工在授权过程中取得了出色的成绩,他们应该得到认可和奖励,这可以包括奖金、晋升机会或其他形式的激励。反馈还应该包括建议和改进措施。员工应该被鼓励提出对授权制度的改进建议,以帮助企业不断改进和优化授权激励。这种持续的反馈循环将有助于确保授权激励的有效性和适应性。

(4)科技型中小企业员工职业发展激励优化。科技型中小企业的成功与员工的职业发展密切相关。为了留住并吸引高素质的员工,企业需要提供有吸引力的职业发展激励计划。

第一,工作内容激励。工作内容激励是通过丰富和挑战性的工作任务来鼓励员工的一种方式。科技型中小企业可通过以下方法优化工作内容激励。首先,分配多样化的项目和任务。让员工有机会参与各种不同类型的项目,从而提高他们的技能和知识。这样的多样化可以激发员工的学习热情和创造力。其次,提供晋升机会。明确晋升路径,确保员工知道他们可以通过不断提升自己的技能和表现来实现职业发展。晋升机会是一种强大的激励,可以激发员工的上进心。再次,提供挑战性的项目。给员工提供能够推动他们的极限的挑战性项目,这将激励他们更加投入和努力。最后,鼓励创新。培养一种创新文化,鼓励员工提出新的想法和解决方案。这样的环境可以激发员工的创造力,促进职业发展。

第二，职业发展激励。职业发展激励是通过提供晋升机会、培训和发展计划来鼓励员工在职业生涯中取得成功。首先，明确的职业发展路径。科技型中小企业应该为员工提供清晰的职业发展路径，让他们知道如何在组织中晋升。这可以包括明确定义的职级和职位要求。其次，培训和发展计划。为员工提供定制的培训和发展计划，以帮助他们获得所需的技能和知识。这些计划可以根据员工的职业目标和兴趣来制定。再次，导师制度。建立导师制度，让员工得到有经验的领导或同事的指导和支持。这可以加速员工的职业发展，帮助他们更快地达到职业目标。再次，认可和奖励。当员工取得职业发展的里程碑时，应该得到认可和奖励。这可以包括奖金、晋升、股权激励等。最后，职业规划和目标设定。帮助员工制定职业规划和目标，以明确他们的职业方向并为之努力。另外，支持继续教育。鼓励员工继续学习和提升自己，可以提供资金支持或灵活的工作安排，以便他们可以兼顾工作和学习。职业发展激励不仅对员工的职业发展有益，还有助于企业留住和吸引高素质的员工。员工会感到他们在企业中有未来，这将增加他们的忠诚度和工作满意度，促进企业的长期成功。

（5）科技型中小企业文化激励优化。科技型中小企业的文化是塑造企业氛围、激励员工和促进成功的核心因素。通过优化文化激励，企业可以吸引、留住高素质的员工，提高绩效，并实现战略目标。

第一，明确企业战略，强化主体意识。企业文化应该与企业的战略目标相一致，以确保员工明白他们的工作与企业的愿景和使命相关联。科技型中小企业可通过以下方法来优化文化激励。首先，明确的愿景和价值观。企业领导应明确定义企业的愿景和价值观，以提供员工一个明确的方向和共同的信仰。其次，强化主体意识。员工应该被视为企业成功的主体。他们的贡献和努力应该得到充分认可和奖励，以激发他们的忠诚度和参与度。再次，沟通企业战略。领导层应该积极与员工分享企业的战略目标，以帮助他们理解他们的工作如何与企业的成功相关联。最后，激励参与和创新。鼓励员工积极参与战略规划和提出创新想法，推动企业的成功。

第二，明确主要责任。明确主要责任是文化激励的重要组成部分。企业应该为员工提供明确的职责和任务，以确保他们知道自己的工作如何有助于企业的成功。以下是一些方法来实现明确主要责任。首先，清晰的工作描述。每个员工应该有一个明确的工作描述，包括工作职责和目标。这可以帮助员工了解他们的工作如何对企业产生影响。其次，设定目标和绩效评估。为员工设定具体的目标，并定期进行绩效评估，以衡量他们的成就和贡献。再次，赋予决策权。让员工在其职责范围内拥有一定的决策权，以鼓励他们主动参与和承担更多的责任。最后，奖励和认可。当员工取得成绩时，应该得到奖励和认可。这可以包括奖金、晋升机会、股权激励等。

第三，提供组织保障。组织保障是文化激励的关键组成部分。科技型中小企业应该提供员工所需的资源和支持，以帮助他们取得成功。提供组织保障方法包括：①培训和发展机会，提供员工参加培训、研讨会和课程的机会，以帮助他们不断提升技能和知识。②工作生活平衡，提供灵活的工作安排，以帮助员工在工作和生活之间取得平衡。这可以包括远程办公选项、带薪病假和家庭假期。③健康和福祉支持。④开放沟通渠道，建立开放和透明的沟通渠道，鼓励员工分享他们的想法和问题。这有助于建立信任和协作，提高员工的工作满意度。

第四，深度了解核心员工需求。深度了解核心员工的需求是确保文化激励的关键。企业应该积极与员工互动，了解他们的期望和关注。

（三）企业核心员工激励机制优化的保障措施

1. 规划保障

（1）立足企业规划，制定可行的核心员工激励规划。实现中小企业的长期增长和创新，首要任务是明智地制定核心员工激励规划。这一规划必须与企业的战略目标相一致，以确保员工的工作与企业使命和愿景相契合。

第一，企业应该明确定义核心员工，了解他们对企业成功的贡献，并识别他们的需求和期望。这有助于确保激励措施能够有针对性地满足这一关键人群的需求。

第二，激励规划应该包括多元化的激励方式，以满足不同员工的需求。这可以包括薪酬福利、职业发展机会、灵活的工作安排等。

第三，激励规划必须与绩效评估相结合。员工应该清楚地了解他们的工作表现如何影响他们的激励回报，这将激发他们更高的工作动力。

（2）建立激励监管机制。一旦激励规划制定好了，就需要建立有效的激励监管机制来确保其执行。监管机制的目的是监督激励计划的实施，保证公平和透明，并及时纠正不足之处。

第一，企业应该设立专门的激励监管部门或委员会，负责监督激励计划的实施。这将确保激励计划不仅仅停留在纸面上，而是真正地付诸实践。

第二，激励监管机制应该包括定期的评估和审计程序，以确保激励措施的公平性和合规性。这些审计程序可以包括薪酬调查、员工满意度调查和绩效评估。

第三，激励监管机制还应该建立一套快速响应的机制，以解决员工的激励问题和投诉。这将有助于建立员工对激励机制的信任，增强员工满意度。

（3）建立顺畅的沟通及反馈机制。良好的沟通和反馈机制对于激励计划的成功至关重要。员工需要了解他们的贡献如何被认可，以及他们如何可以改进自己的工作表现。

第一，企业应该建立定期的员工会议，以提供对激励计划的解释和更新。这些会议应该提供员工提问和反馈的机会，以便他们能够更好地理解激励机制。

第二，企业应该鼓励员工提供反馈，以改进激励机制。这可以通过匿名反馈渠道、员工满意度调查和一对一会议来实现。

第三，企业应该建立明确的绩效评估流程，以向员工提供定期的反馈。这将帮助员工了解他们的工作表现如何，以及如何改进。

2. 组织保障

（1）建立领导层。科技型中小企业的领导层必须具备强大的领导和管理能力。他们需要能够为企业制定明智的战略方向，监督和协调各个部门，以确保实施战略并取得成功。

第一，领导发展计划。企业可以制订领导发展计划，培养潜在的领导者，提高他们的管理和领导能力。这可以包括领导培训、导师制度和外部顾问的支持。

第二，策略制定。领导层必须制定清晰的企业战略，明确企业的愿景和目标，并为实现这些目标提供指导。

第三，团队建设。领导层必须建立高效的管理团队，确保各个部门之间的协作和协调。团队建设可以通过团队培训和定期的团队建设活动来实现。

第四，监督和反馈。领导层应建立有效的监督和反馈机制，以确保战略目标的达成。这可以包括定期的绩效评估和战略审查会议。

（2）行政部门的建设。行政部门在科技型中小企业的运营中起着至关重要的作用。它们负责日常事务管理，员工招聘和培训等任务。

第一，流程优化。企业可以审查和改进日常流程，以提高效率。这包括采用现代技术来简化任务和流程。

第二，培训与发展。行政部门员工需要接受培训，以提高其技能和知识，以应对不断变化的工作要求。

第三，自动化和数字化。使用自动化工具和数字化系统，可以提高行政部门的效率，减少手工工作和减轻员工负担。

第四，客户服务。行政部门也负责客户服务，因此必须确保客户满意度。培训员工以提供卓越的客户服务至关重要。

（3）财务部门的建设。财务管理是企业的生命线，因此建设强大的财务部门至关重要。

第一，专业团队。雇用专业的财务专家，包括注册会计师和财务分析师，以确保正确管理企业的财务。

第二，预算和财务规划。制定明智的预算，确保资金充足，并进行财务规划以支持企业的增长和创新。

第三，投资决策。财务部门需要评估投资机会，包括资本支出和风险投资，以支持企业的创新和扩张。

第四，财务监管。确保财务部门拥有透明的财务监管机制，以防止不当行为和欺诈。

（4）核心员工激励方案推动小组的建立。建立核心员工激励方案推动小组是科技型中小企业实现长期成功的关键因素。这个小组的任务是确保核心员工得到适当的激励和支持，以保持他们的工作动力和忠诚度。通过多元化成员、制订激励计划、评估现有激励措施、制订沟通计划和设定绩效标准等步骤，企业可以确保核心员工愿意留在企业，并为其贡献最佳的才能和能力。这将有助于企业提高竞争力，实现可持续增长。建立核心员工激励方案推动小组的步骤如下。

第一，明确目标和使命。首先，企业应该明确核心员工激励方案推动小组的目标和使命。

第二，多元化成员。小组的成员应该代表各个部门和层级，以确保各个方面的需求都能得到满足。这包括高级管理人员、HR专家、财务专业人员和核心员工代表。

第三，制订激励计划。小组的任务之一是制订激励计划。这包括薪酬结构、奖励计划、福利待遇等。计划应该根据员工的不同需求和表现水平来个性化。

第四，评估现有激励措施。小组应该评估企业目前的激励措施，确定哪些方面需要改进。这可以通过员工满意度调查、绩效评估和离职率等数据来实现。

第五，制订沟通计划。沟通是成功激励方案的关键。小组应该制订一个清晰的沟通计划，确保员工了解他们的激励计划和福利待遇。

第六，设定绩效标准。小组应该帮助企业设定明确的绩效标准，以便员工知道他们需要达到什么水平才能获得激励回报。这将激发员工更高的工作动力。

第七，监督和调整。小组的工作不应该仅止步于激励计划的制订，他们还需要监督计划的执行，并根据反馈和数据进行调整。这将确保激励措施的有效性。

建立核心员工激励方案推动小组的好处不仅仅体现在提高员工满意度和忠诚度上，还可以帮助企业吸引更多高素质的员工。在激励方案的制订和执行中，小组还可以考虑包括职业发展机会、培训和发展计划、工作生活平衡措施等。这些因素都将有助于提高员工的幸福感和工作效率，从而对企业的长期成功产生积极影响。

3. 经费保障

科技型中小企业通常需要不断进行研发和创新，以保持竞争力。这些活动需要充足的经费来支持研究、实验和技术开发。有足够的经费支持可以帮助企业吸引和保留高素质的员工。高薪酬、职业发展机会和研究资源都可以作为吸引人才的手段。经费支持还可以用于市场推广和产品开发。这有助于提高产品知名度，吸引更多客户，并实现销售增长。为了确保科技型中小企业获得充足的经费支持，以下是一些关键战略。

（1）制订经费计划。企业应该制订明智的经费计划，明确资金分配的优先级和用途。这个计划应与企业的长期战略和目标相一致。

（2）多元化资金来源。不要依赖单一的资金来源。科技型中小企业可以探索多元化的资金来源，包括政府补助、风险投资、债务融资和合作伙伴关系。

（3）拥抱创新金融工具。一些新兴的金融工具，如众筹、区块链融资和数字货币，可以为中小企业提供新的融资途径。

（4）管理成本。企业应该精心管理成本，确保开支合理，并能够为关键项目提供资金支持。这包括减少浪费和提高效率。

（5）财务规划。建立有效的财务规划体系，以确保资源分配合理，并根据需要进行调整。这有助于避免紧急资金需求和浪费。

（6）制定风险管理策略。了解经济和市场风险，并制定相应的风险管理策略。这可以帮助企业降低不确定性对经费的影响。

（7）寻求政府支持。政府通常提供各种形式的补助和资金支持，以促进创新和经济增长。中小企业应积极寻求这些机会。

（8）合理预算。建立合理的预算，确保经费使用得当。预算应基于企业的需求和优先事项。

（9）创造价值。确保经费的使用能够创造价值和回报。这有助于吸引投资者和支持机构提供更多资金支持。

（10）持续监督和评估。不断监督和评估经费的使用，确保它们被用于最有效的方式，并根据需要进行调整。

二、科技型中小企业中知识型员工激励机制

知识型员工是指在行业中经验丰富、专业功底强、管理才能突出，且在实际工作中因

拥有自主学习能力和创新知识能力而不断对企业的发展有突出贡献的员工。

（一）构建合理的薪酬激励体制

在当下以人为本的管理观念下，激励科技型中小企业员工有利于科技型中小企业更长远的发展。科技型中小企业想要解决员工流失问题，应合理提升薪酬福利制度去留住员工，尤其是核心员工。他们从事着核心业务、掌握科技型中小企业的核心技术，是科技型中小企业中最重要的人力资源。通过前文问卷调查的反映情况来看，科技型中小企业大部分员工对于薪酬福利待遇有所顾虑，所以科技型中小企业想要降低员工流失率要考虑先从其最主要的薪酬福利体系入手。

1. 改善企业内部薪酬公平性

企业内部的公平性指的是企业员工的一种心理感受。科技型中小企业内的员工更加注重的是薪酬分配是否存在合理性，以及自己在工作中是否受到公平对待。

科技型中小企业要改善企业内部薪酬的公平性，在保证薪酬制度的制定过程是公平的同时，也要保证实际的薪酬发放的结果也是公平的。制定过程公平是要体现整个薪酬制度的制定过程中的各个环节都是公平的，让制定的方案得到科技型中小企业员工的认可。过程公平注重的是有公平性的薪酬制度设计，以及制定程序的管理决策；而结果公平注重的是科技型中小企业内部员工的薪资差距是否合理。在同一职位上实行同工同酬是一个循序渐进的过程。在此之后再次统一员工的工资基数涨幅水平，以确保同岗位员工的薪酬相同，避免两极分化。此外在此基础上建立一个双向沟通体系，促进员工与科技型中小企业之间的相互信任，有效减少流言在科技型中小企业中的传播以及造成的不良影响，通过提供机会和渠道让科技型中小企业员工对于薪酬不公平以及不满情绪进行倾诉。可以建立一个电子邮箱或者意见箱，随时接受员工的申诉，使科技型中小企业及时了解情况，尽量降低员工在薪酬制度方面的不公平感。通过改善科技型中小企业薪酬制度内部公平性，推动薪酬激励体制的构建，确保科技型中小企业的薪酬激励机制可以稳定运行。

2. 提升企业薪酬制度外部竞争力

科技型中小企业之所以出现较为严重的员工流失问题，其最主要的原因就是员工的薪酬得不到满足，然而完善的薪酬制度不仅要考虑内部公平性，还要考虑到外部竞争力的问题。

薪酬制度的外部竞争力是一种较为相对的概念，指的是不同科技型中小企业之间薪酬福利待遇的关系。即科技型中小企业薪酬福利待遇与行业内其他竞争对手的比较。员工的薪酬制度想要具备外部竞争力，就必须了解市场的薪资行情状况。科技型中小企业要做的第一件事就是进行市场化对标。科技型中小企业要做好市场调查研究，根据人力资源市场的薪酬数据、市政府的相关数据报告以及相关企业的调研，参考行业内同类企业的薪酬，以及本地的经济发展状况，通过横向和纵向的对比，对科技型中小企业的技术人员、管理人员以及销售人员的薪酬进行相应的调整。

科技型中小企业可以把员工的薪资提高 10%～15%，由于是小幅度的提升固定薪资，所以不会造成科技型中小企业用人成本的压力，相反可以适当提升科技型中小企业在行业内的竞争能力，从而提高科技型中小企业的人力资源管理能力。同时，科技型中小企业还可以为每位员工建立一个年度薪酬福利发放单，在里面详细列明各员工的工资和奖金等收入，以及五险一金、工会慰问福利、午餐费等各项独立费用，可以让员工对其自身的整体收入有清晰明确的认识。提升薪酬制度的外部竞争力可以给科技型中小企业员工带来饱满的工作状态和对企业的归属感，还可以更好地进行招聘工作，使大批量的优秀人才融入科技型中小企业当中。

3. 增加福利待遇多元化

随着社会的不断发展，除了工资，员工的福利待遇也是激励员工的一种实物与货币相结合的激励方式。科技型中小企业的福利待遇在员工的薪酬体系当中也越来越重要，员工福利待遇已由原先保障员工的日常生活、解决员工的后顾之忧的功能转变为吸纳人才、留住本科技型中小企业员工，以及激励员工的功能。

科技型中小企业给予员工较好的福利可以很好地提高员工的幸福感、团结员工的凝聚力、提升科技型中小企业的竞争力，帮助科技型中小企业吸引员工，留住员工保持科技型中小企业员工的稳定性；另外还可以提高科技型中小企业在内部员工和在同行业科技型中小企业心目中的良好形象。然而科技型中小企业中的福利待遇却较为单一，除了国家规定的五险一金，其福利经费占比极少。

（1）对于员工的福利待遇需求进行调查研究和分析，相关职能部门可以通过调查问卷、部门沟通等方式了解并收集不同年龄段、不同性别以及不同岗位员工对于福利待遇方面的需求。

（2）归纳分析之后根据科技型中小企业的自身条件完善福利待遇体系，增加以员工实际需求为导向的福利，体现企业对员工的人文关怀。如业务人员每天忙于见客户或出差，因工作需要而不能回家探亲，他们长期奔波在外，科技型中小企业可以为这类员工提供探亲假或更灵活的休假方式，让员工们有更充裕的时间来放松和与自己的家人团聚。科技型中小企业不仅要为不同员工制定相对应的福利制度，还要照顾全局，全面提升所有员工的福利待遇，如每年为全体员工提供健康体检、改善工作环境。建设水吧等休闲区，为了让科技型中小企业的员工在工作之余可以自由地进行娱乐和活动。与此同时，科技型中小企业还应该加大各种福利待遇，其中包括各类节日慰问品、冬季取暖费、医疗补助、交通补助、通信补助、子女医疗教育、生日慰问等方面的补贴。同时，为员工制定个性化的福利待遇。针对员工的年龄、岗位、工作年限、个人喜好等因素，为员工制定一些可供选择的福利项目。员工可以根据自身的需求和喜好选择相应的福利项目。通过福利待遇的多元化让企业内部员工产生获得感，使企业员工保持积极的工作状态，不仅在工作中效率可以得到很大的提升，同时可以得到 1+1>2 的效果。

4. 加大员工激励力度

科技型中小企业员工激励的力度对其自身的生存发展有着直接的影响。员工的激励制度是科技型中小企业人力资源管理的核心内容，员工对于企业的归属感以及个人满足感可以提升其工作效率，为科技型中小企业带来更多的利润，促使企业稳步发展。

员工激励制度可以大幅度提升科技型中小企业员工归属感与认同感，所以科技型中小企业可从加大员工薪酬激励的力度这一方面入手。科技型中小企业可以将年终奖改为每月或按季度发放，提高其发放的频率。如果是短期内的工作或绩效目标，则可以根据其工作任务和目标，适时向科技型中小企业员工派发任务奖金，从而保证其在工作迄今可以不断地得到奖励。相对于每年一次的奖励，在长期的薪酬激励下，短期的奖励机制会更为有效，能够将奖金的边际效益最大化。同时，科技型中小企业还可以将员工的奖金与绩效挂钩，按照绩效评价的级别来进行奖励（见表 2-1）。

表 2-1　绩效评价的级别及其奖励

绩效评价的级别	相应奖励
A 级	120%的奖金，即在其原有的绩效奖金上增加 20%作为该员工达到 A 级绩效评价的额外奖金
B 级	110%的奖金，即在其原有的奖金的基础上额外发放 10%作为激励奖金
C 级	100%的奖金，即发放原有的正常奖金
D 级	80%的奖金，即在其原有的奖金基础上进行扣除 20%作为负激励，以此作为员工努力奋斗的动力
E 级	60%奖金，即该类员工往往与自身的工作任务或工作目标存在的差距较大，没有完成其事业计划的一半甚至更少，针对这类员工则在其原有奖金的基础上扣除 40%

总之，科技型中小企业通过差别化的奖金激励制度，促使企业内部形成员工之间的良性竞争。

此外，在增加对科技型中小企业员工物质奖励的基础上，还要为员工带来丰厚的精神食粮，如创造一个良好的科技型中小企业氛围、在企业内开展共享式的学习与交流、外出参加高端学习培训等非经济类的激励形式。通过加强员工薪酬激励的力度，使员工们得到物质和心理上的双重收获。可以有效改善员工在生存发展上局限的问题，提升工作效率，将员工的利益与科技型中小企业的利益相结合，进一步增强员工的归属感，让员工可以更加努力地为科技型中小企业做出贡献，减少人员流失的可能性。

由于在薪酬激励体制方面为科技型中小企业提出改善企业内部公平性、提升企业薪酬制度外部竞争力、增加福利待遇多元化以及加大员工激励力度，这四个方面会对科技型中小企业整体的薪酬进行提成，从而势必导致企业薪酬总成本的增加，但是对于科技型中小企业来说，科技型中小企业对老员工、核心员工的培养所付出的各项成本巨大，付出颇多。该企业近几年在行业内效益比较好，收益增长较快，可以有充足的资金着手考虑投入人力资源。所以，科技型中小企业在每年年初报预算时可以逐步提出增加薪酬的计划，控制其薪酬总成本的增加不会影响企业的正常运营。

（二）强化以能力提升为核心的团队协作制度

1. 企业团队协作的传统实践

知识型员工的团队合作，主要以一种扁平化的组织机构呈现出来，通常由一个工作召集人和数量较少的一批地位平等、互相学习的团队成员组成，他们彼此的关系不体现为领导与被领导的关系，而体现为他们都是来自各个不同领域或部门的成员，他们共同分担风险、共同分享利益，每个人都可以充分发挥自身的创造性和创新性。这种组织机构，由于成员之间拥有着平等的地位关系、相互学习提高的氛围以及自主自愿认领工作任务的分配方式，一方面可以表现出极高的灵活性，可以较高的工作效率和创新的思路方法迅速应对快速变化的市场竞争的挑战；另一方面还可以把前后脱节的各项工作放在一起并线而行，还可以在需要时随时组建并在完成工作任务后随时解散。

在共同愿景设立方面，知识型员工团队召集人的职责所在是要提高整个团队的团队凝聚力，激励整个团队向着团队的总体目标而不断努力，而绝不是强调某个个人的工作量、工作权威或超强能力。因此，在科技型中小企业员工的团队合作激励因素中，团队一定要根据企业目标和社会趋势，审时度势，积极寻找提高整个团队全体成员综合能力和全团士气的激励因素。同时，由于知识型员工团队合作是应某个具体的任务而组成或解散，其目标在一定程度上具有不确定性，所以，激励知识型员工团队成员的因素应该是一个有价值的所有成员所共同认可的远景目标，而不一定是一个非常具体的目标。而一个有价值的共同愿景，既要蕴含企业整体向上健康发展的未来趋势，又要符合全体知识型员工团队成员的价值理念，还必须包含着一个或多个具有相当挑战性且经过恰当的努力未来一定能实现的目标。

在营造良好团队氛围方面，随着生产力和科学技术的迅猛发展，企业员工的高度分工导致每个人的工作都只是整个大工作流程中的一小部分或一个微观环节。因此，团队间的有效合作、彼此沟通、互信互赖成为整个团队能顺利完成整个大工作流程的必要因素。在科技型中小企业中，团队合作关系尤为重要，知识型员工尤其是技术人员通常都拥有不同的文化背景和不同的专业背景，他们之间的相互依赖特别受到团队氛围的影响。团队召集人与成员之间、成员与成员之间要经常进行沟通、交流，耐心诚恳倾听他人的意见，从个人角度而言，每个人都要科学合理、恰如其分地表达出自己的观点，并真实诚恳地交流有关整个团队和个人以及相关工作任务流的相关情况。而从团队的角度而言，团队，尤其是科技型中小企业中的团队更要实行人本主义，从员工切身需要和体会出发，真切地关怀、理解和帮助每一个团队成员，使每一个团队成员从内心深处生发起整个团队的浓厚归属感与超强凝聚力，从而激发起整个团队乃至整个企业的内向心力和创新力。

2. 构建以提升员工能力为核心的团队协作机制

团队协作有利于提高企业的整体效能。通过发扬团队协作精神，企业减少了内耗，提高了凝聚力。有企业管理者认为：企业目标的实现需要每一个员工的努力，团队协作的目标就是在于尊重每个成员的个性，重视每个成员的内心想法，激发起每个员工的内在潜能，使每一个员工真正用心参与团队建设中，同心协力一起完成团队工作目标。

团队协作中的愿景设置、氛围营造是起点，减少内耗、激发动力是手段，真正要以提升员工能力为核心的团队协作机制必须要通过以下三方式：制定团队帮带方案、协调部门团队间的协作、营造三大团队发展平台，从而借助团队协作不断提高员工的业务能力、个人含金量应该是员工激励中团队协作的提高和升级。

3. 构建团队帮带机制

通过团队协作提升员工能力，最有效的方式是在企业内部构建团队帮带机制。通过团队帮带来提升市场营销部员工的业务能力尤为重要，其团队帮带的关键是要系统地安排好帮带周期、帮带主体、帮带对象、帮带规则等。由于员工的训练需要由单项技能到单元技能，由单元技能到专题技能，由专题技能到现场实施，工作量大、耗时较长，企业以质为先，提出以半年为一个周期，每半年进行一批员工的帮带，每批二十人左右。为了起到以老带新、帮扶结对的作用，帮带主体主要由企业的高层主管、营销能手、业绩标兵以及其他国内外营销专家组成。通过团队式帮带的开展，把帮带过程作为指导过程、互动过程，提高员工的业务能力。为了帮助员工们变"要我学"为"我要学"，企业可以作这样的规定，帮带对象的产生基于多项工作的互联互通、一律实施个人申报制。凡是要申报薪酬晋升、岗位晋升、境外培训等均要在申报之前通过企业团队帮带环节。对帮带最终测试成绩获得优秀者，纳入后续帮带主体专家库，并可评选为当年度的企业优秀员工等。对测试成绩不合格者，除不得薪酬晋升、岗位晋升、境外培训，必须强制性参加下一期的团队帮带工作。若下一次测评仍未通过，则保留其基本工资、停发其他薪酬，责令其自费参加企业外的各类营销能力培训，半年内通过测评。测评再未通过者，企业与其解除聘用关系。

4. 构建团队无界化协作机制

团队协作不仅仅只限于部门内部成员之间的团结互助，还包括跨部门的无界化协作。同样以市场营销部为例，其员工业务能力的提升涉及人力资源部、市场营销部、质量控制部、相关研发和生产部。一方面要实施各部门团队之间的无界化管理，另一方面又要将这种无界化基于各部门团队之间的明确分工。人力资源部的职责是统筹员工业务能力提升工作，制定相关的政策条款，尤其是奖惩举措，同时做好组织工作，组织帮带专家、帮带对象、帮带项目。

市场营销部的职责是分解营销能力的要素、制定营销能力的学习标准，换句话讲，就是站在业务实践的角度，提出企业业务目标的实现需要具备什么能力的员工。质量控制部的职责则是依据市场营销部所制定出来的营销能力的学习标准，首先培训团队中的帮带专家，使大家形成共同的能力认知、路径方法、培训案例；其次是制定团队帮带的流程，尤其是团队学习中所使用的表样，团队学习中与帮带对象的互动、对帮带对象的点评、指导；最后是团队帮带学习结果的评定。在员工营销能力提升过程中，常常被忽视的是各研发和生产部门的作用。实际上，作为企业产品的设计端和生产端，研发团队和生产团队应该且必须在营销人员业务能力提升过程中充分发挥作用，这些作用包括：发挥产品技术优势，积极配合营销部制定营销能力标准；提供开展业务能力所需的技术专家，积极配合质量控制部测定帮带对象对产品技术或生产指标的理解程度。

5. 构建三大平台机制

在团队协作提升员工能力的途径中，员工能力提升是目标，团队协作是途径，而员工能力发展中心平台、员工培训进修管理平台和员工荣誉体系的构建则是平台与媒介。所谓员工能力发展中心的整合，就是要把团队帮带工作的开展情况不是作为一个孤立的环节，而是纳入企业员工长远发展的框架之中。当前，许多企业正在进行员工发展中心的建设，这种发展既要关注作为员工外显性的岗位的晋升、薪酬的提高，更要关心作为员工内涵型的业务能力的提升、管理水平的提高。企业要把员工在团队帮带学习和测评中所体现出的问题、得到的建议全部录入员工发展中心个人平台，通过历史的记录，显现员工在团队中逐年提高发展的轨迹。所谓员工培训进修管理平台整合，就是要将员工团队帮带学习，尤其是学习之后发现的需要进一步提高的内容，与企业原有的境内或境外培训项目结合起来，形成自成体系、内容互补的"缺什么、补什么""学什么、用什么"的员工能力培训体系。所谓与企业荣誉体系整合，是指要恰当地处理好员工团队帮带学习与营销能手、业绩标兵、企业年度优秀、岗位晋升等既有荣誉体系之间的关系，在选拔标准上尽可能相互照应，在评价遴选上要充分利用团队业务帮带学习的结果，使团队中已经具备较强业务能力的员工将帮带新员工作为一项必需的业务，使企业中需要加强业务能力的员工可以通过多种方式在团队协助中得到提升。

（三）深化以人文关怀为核心的企业文化建设

企业文化，现作为一种管理理论和管理方法，正越来越为国内外企业管理领域和学术研究领域所重视。企业文化，指的是企业在产生与发展中逐渐形成的各种意识形态，包括文化观念、道德规范、历史传统和规章制度等。

1. 企业文化层面的员工激励机制

在今天的市场经济条件下，建立在理性文化指导之下的有效激励机制迫使科技型中小企业必须考虑主动去构建一种企业文化层面的员工激励机制，这种机制应当具备以下特征。

（1）以员工的自我激励为主导。对企业而言，激励机制的最高境界是员工能够实现自觉持续且有效的自我激励，而包含自我激励这种无形文化理念的内涵文化则是每个企业力争构建的最具凝聚力、导向力和约束力的企业文化；对员工个人来说，这种文化为他们营造了一种积极向上而又自由轻松的环境氛围，这种氛围能强力促发他们达到实现个人成长和发展的最佳状态。因此，企业文化层面中的激励机制，一定要以包括员工的自我激发、自我评价、自我监督、自我控制、自我实现在内的一系列自我激励为主导，当然，这种机制除了文化层面的内在激励外，还可以通过内在报酬或奖赏的方式进行，如提供有趣味的工作、提供足够的个人成长空间等来保障这种自我激励在企业文化机制内的自觉长期有效进行。

（2）以能满足员工工作成就为保障。知识型员工对工作成就的重视程度之高，要求企业在进行企业文化构建时充分考虑将文化激励机制与无形文化理念融合于一体，并确保整个的体系的构建必须以满足员工工作成就为保障。一个有着强大发展潜力与发展未来的企业，应该是一个能在物质层面和文化层面都能给企业员工提供满足工作成就重要条件的企业。企业文化中的激励机制，要确保能不断地激发起员工自我成长实现工作成就的决心和信心，不断提供符合他们成长的工作成就目标与工作过程配合，并使其将自身工作成就的需要与企业整体发展成就的需要有机结合起来，帮助他们全面理解个人工作成就与企业发展的价值与指标所在，让他们充分认识到个人工作成就的实现是与整个企业的远景发展互为促进、互为提升的，从而实现企业文化层面有效激励机制之下的员工个人成就需要与企业整体发展需要的统一。

2. 构建以人文关怀为核心的企业文化体系

企业管理界正日益认识到"人力资源是当代企业最宝贵的资源"，人所具备的积极性、能动性和创新性，是世上任何一种其他资源所无法比拟与替代的。只有人才，才是能够为企业创造物质价值与精神价值、不断拓展企业竞争力、全面提升企业软硬双实力的最重要砝码。因此，当前，越来越多的企业高度重视企业文化中的以人为本、人文关怀理念，正一步步将他们的理解和实际行动倾斜至文化层面下的管理天平，争取最大限度地提升员工尤其是知识型员工的企业归属感。这种企业归属感主要是要加强员工的主人翁感，不断增强他们"企业是我家"的责任感和义务感。具体的构思就是在物质层面注重以人为本的嵌入、在精神文化层面注重人文关怀的体现、在制度文化层面注重工作成就的引导。

（1）物质文化层面——加强"以人为本"的嵌入。这种嵌入的目的绝不仅仅只是为员工提供更好的薪酬福利和物质享受。在这个环节中，企业管理者应该考虑的是嵌入的合理性、公平性、便捷性与多样性。如在进行薪酬设置时要充分把握竞争性、公平性与灵活多变的弹性处理原则。如在营造"企业是我家"的人文氛围时，企业一般会从员工切身需要的角度出发，给员工提供一些公共类福利的项目，如食堂、茶歇、班车、健身场所、图书馆、休息室、节假日礼品等，在综合考虑员工的总体需要的基础上决定设置哪些项目，项目类别的可选项要多而丰富，要尽可能以人为本考虑到大部分员工的切身需要解决他们的切身难题，同时也要考虑周全根据企业的实际情况精心选择建设项目，建设一项就要做好一项，尽量为全企业的员工创设良好的、舒适、人性化的工作硬环境和软环境。科技企业的管理层就深切地体会到所有的这些物质层面的投入都必须周密设计、必须以人为本、以员工为本，方便员工的生产生活。唯有如此，才会令员工感受到企业为其带来的方便，归属感就会伴随而生。

（2）制度文化层面——加强"人文关怀"的体现。企业要创设一种管理层与员工、员工与员工之间可以和谐沟通和交流、及时提出并反馈的机制和渠道，这种机制要通过制度文化层面，设立起一种自下而上或自上而下或平行上下的切实可行的沟通管理架构，以利于各种和谐、畅通、开放、自由又有效的沟通。这种沟通，可以实现领导与员工、员工与员工之间的心灵交流与火花的碰撞，减少相互的矛盾与误会；可以使员工有渠道了解企业的整体框架、运营情况和发展目标等，甚至还可以参与决策，使员工有被尊重被信任从而愿意为企业努力奋斗的主人翁感；可以使企业管理层充分采集并了解企业决策对员工的实际影响及来自员工最基层大众的呼声，从而整体把握企业情况并有效调整企业发展方向、作出更好的决策以有利于企业的未来发展。

（3）精神文化层面——加强"工作成就"的引导。对于科技型中小企业年轻的知识型员工而言，工作不只是意味着谋生的手段，更是创造生命辉煌、实现自我价值的方式。这种价值的实现是人类需求中的最高层次，这种挑战能力和潜力的工作以及挑战工作成功后所带来的愉悦满足感，往往会给知识型员工带来最高层次的需求满足感与幸福愉悦感。因此，为了使企业的使命和价值观深入人心，就必须持续地将员工的工作成就融入企业的精神文化之中，企业可以通过多种方式来实现引导"工作成就"的精神文化层面的建设。比如，可以在企业内部创办刊发企业的宣传刊物，电子版或纸质版均可，每月或每旬定期发送，以文化传播的方式向企业员工定期宣传和渗透企业的文化、价值观及近期活动、成果；可以通过定期举行集体活动使内部员工充分感受其工作成就引导的企业文化的丰富内涵，或者每半年或者每季度甚至每个月举行一次员工集体活动，或家庭集体出游或团队参加所在地区的公益活动等；可以定制刻有其企业使命的徽章标志等，让员工佩戴。

第四节　员工的能力培养

一、科技型中小企业高端人才培养

"科技型中小企业是我国技术创新的主力军，高层次创新人才更是科技型中小企业的宝贵资源。"[①] 科技型中小企业根据实际情况，有效引进适合本企业发展的高端人才，增强企业的吸引力、竞争力，已成为中小企业高度关注的话题。可见，人才对国家和企业都具有至关重要的作用。人才工作包括人才引进、人才培养、人才使用三个部分，培养和引进是使用的必要前提。因此，做好人才培养与引进是当前科技型中小企业在人才战略上的

---

① 刘骏，张蕾，陈梅，等．高层次创新人才薪酬与企业盈利关系研究——以科技型中小企业为例［J］．科技进步与对策，2020，37（14）：135.

必行之路。

第一，树立正确、专业的观念。在科技型中小企业中，树立正确的观念是培养高端人才的首要任务。企业领导和管理层应认识到高端人才是企业成功的基石，他们的专业知识和经验对企业的创新和发展至关重要。因此，企业领导必须鼓励员工追求卓越，提供专业培训和发展机会，鼓励员工参与研究和创新项目。此外，企业应该积极与高校和研究机构合作，吸引优秀的科研人才，建立起一支高水平的研发团队。

第二，创造有发展空间的平台。为了留住高端人才，科技型中小企业必须提供有发展空间的平台。这包括提供挑战性的工作机会，鼓励员工提出新的想法，并参与决策过程。企业应该建立一个开放的工作环境，鼓励员工分享知识和经验，互相学习。此外，企业还应提供灵活的工作安排，以满足员工的职业发展需求，如提供远程办公和灵活的工作时间。

第三，建立优秀的企业文化。科技型中小企业应该建立一种积极向上、创新的企业文化，以吸引和留住高端人才。企业文化应该强调团队合作、创新和追求卓越。员工应该感到他们的工作对于企业的成功至关重要，他们的贡献受到认可和奖励。此外，企业还应该鼓励员工参与社会责任活动，建立起企业的社会形象，吸引更多有志向的人才。

第四，留住高端人才的举措。为了留住高端人才，科技型中小企业可以采取一系列举措。首先，提供有竞争力的薪酬和福利，以保持员工的满意度。其次，提供晋升和发展机会，鼓励员工在企业内部寻求职业晋升。再次，建立一套有效的员工激励和奖励机制，以鼓励员工积极参与工作。最重要的是，建立一个有效的员工反馈和沟通系统，使员工感到他们的声音被听到，他们的需求被满足。

二、科技型中小企业双创人才培养战略

第一，制定面向科技型中小企业的人才引进、流通政策。针对科技型中小企业社保等福利待遇、人才引进条件较差的特点，河北省应当出台具有针对性的配套措施，为科技型中小企业所引进的双创人才提供社保服务（标准参照同类大型企业），建立科技型中小企业人才引进基金，建立科技型中小企业双创人才股权激励制度等，提升科技型中小企业在人才市场的吸引力。

第二，完善高校双创人才培养体系。高校双创人才培养旨在建立一套完整的新型教育理念与模式，并非单纯地开设创业项目课程、举办创新创业比赛，是为了适应社会发展和国家双创战略规划的需要，应当以培养具有创新创业意识的开拓型人才。应当建立知识、能力、思维三位一体的双创人才培养体系：创新创业知识、实践能力、领导能力和不确定

清醒的把握能力，问题导向思维和批判思维。将学生培养成具备双创核心素养的人才。

第三，创新异地人才聘用机制。用好地区的人才助推政策，创新异地人才聘用机制，形成双创人才共享机制，在引进双创人才的研究成果的同时，利用日趋发达的互联网构建双创人才共享平台。

第四，着力打造良好的创新创业环境。发挥各级政府的舆论导向作用，通过双创人才典型事迹宣讲、双创政策宣传等形式，在全省范围内着力打造良好的创新创业环境，综合运用报纸、电视、广播、政府网站、公众号、社交媒体等途径加大宣传力度，在全省范围内形成人人了解双创战略、人人乐于创新创业的社会氛围，激发大众创新创业热情。

三、科技型中小企业的人才供应链建设

（一）人才供应链建设的现实意义

第一，引入人才供应链理论，为传统培训管理注入新鲜血液。中小企业往往受限于有限的资源和有限的管理经验，这使得员工培训和发展的效率相对较低。然而，引入人才供应链理论可以帮助中小企业重新审视他们的培训管理模式。这一理论强调了从招聘到离职的员工生命周期，通过不断的学习和发展，将员工转变为企业最宝贵的资产。科技型中小企业可以采用现代技术工具。例如，在线培训和知识管理系统，以提高员工的培训效果。这不仅有助于提高员工的技能水平，还可以增加员工的满意度和忠诚度，从而更好地留住他们。因此，引入人才供应链理论可以为中小企业注入新鲜血液，提高员工培训的效率和质量，从而增强企业的竞争力。

第二，增强员工团队归属感，令企业文化深理人心。科技型中小企业在构建独特的企业文化方面具有天然的优势。然而，要想让企业文化深入员工心灵，需要建立一支忠诚且具有强烈归属感的员工团队。人才供应链理论强调了员工的全生命周期管理，包括招聘、培训、发展和激励。通过建立有效的人才供应链，科技型中小企业可以更好地理解员工的需求和期望，为他们提供更多的发展机会，以满足他们的职业抱负。这将增强员工的满意度，提高他们对企业的忠诚度，从而形成一支具有强烈归属感的团队。这个团队将积极参与企业文化的传承和发展，使企业文化深深植根于每个员工的心中。一个有着坚定归属感的员工团队将有助于增强企业的凝聚力，提高工作效率，从而推动企业的长期成功。

第三，提升企业效益，实现长足发展。科技型中小企业的成功与否在很大程度上取决于其效益水平。人才供应链理论的引入可以直接提升企业的效益。首先，通过更好地管理员工的生命周期，科技型中小企业可以降低员工流失率，减少因员工离职而导致的成本。

其次，通过提高员工的技能水平和激发创新，企业可以提高生产力和竞争力，实现更高的利润。最后，一个具有强烈归属感的员工团队将更有动力为企业的成功努力工作。这些因素的综合作用将有助于提升企业的效益，为企业的长足发展创造更有利的条件。

（二）人才供应链建设的重要性

第一，有利于企业战略目标的实现，提升企业的综合竞争力。中小企业在竞争激烈的市场中需要制定明智的战略目标，以便实现可持续的成功。人才供应链的建设可以帮助企业更好地理解自身的人才需求，并采取相应的战略举措。通过与人才供应链的紧密衔接，企业可以更迅速地响应市场变化和竞争挑战，确保人才需求与企业战略目标保持一致。这不仅有助于提升企业的综合竞争力，还可以使企业更加灵活地适应不断变化的商业环境。

第二，有利于学习型组织的构建，增强企业的学习氛围。学习型组织是能够不断学习、适应和创新的组织。通过建立健康的人才供应链，科技型中小企业可以鼓励员工不断学习和提升他们的技能。这包括为员工提供培训和发展机会，鼓励知识共享和团队协作。一个学习型组织能够更好地适应变化，更快地创新，并更好地应对挑战。这将有助于培养创新和领导能力，并增强科技型中小企业的学习氛围，使其更具竞争力。

第三，有利于增强企业凝聚力，丰富企业文化。科技型中小企业通常具有更加人性化的工作环境，这使得建立紧密的员工关系和积极的企业文化更为关键。通过人才供应链建设，科技型中小企业可以更好地关注员工的全生命周期管理，包括招聘、培训、发展和激励。这将有助于增强员工的忠诚度和归属感，使他们更有动力为企业做出贡献。同时，建立积极的企业文化有助于吸引和保留更多的人才，形成一个相互支持和协作的团队。

第四，有利于激励机制的建立，提升员工幸福感。激励是激发员工潜力和动力的关键因素。通过建立健康的人才供应链，科技型中小企业可以更好地了解员工的需求和动机，以设计更有效的激励机制。这可以包括薪酬体系的优化、晋升机会的提供、工作灵活性的增加等。满足员工的需求和激励将提高员工的幸福感，增强他们的工作满意度，并降低员工流失率。这对于科技型中小企业来说至关重要，因为稳定的员工队伍可以提高工作效率，减少成本，从而有助于提高企业的效益。

第五，有利于提升企业效益，实现可持续发展。最终，人才供应链的建设将对企业的效益产生积极影响。通过更好地管理人才需求、提高员工的技能水平和提升员工满意度，科技型中小企业可以提高生产力、降低成本，并提高市场竞争力。这将有助于实现更好的财务绩效，并为企业的可持续发展奠定坚实基础。

（三）科技型中小企业人才供应链的培训管理体系构建

1. 完善信息控制系统，加大政府扶持力度

（1）完善信息控制系统。信息控制系统是确保培训管理体系高效运作的基础。

第一，数据收集和分析。建立一个系统来收集和分析员工的培训需求、绩效评估、培训成果等数据。这有助于更好地了解员工的需求，并根据实际数据来调整培训计划。

第二，跟踪和反馈机制。建立一个有效的跟踪和反馈机制，以确保员工能够提供关于培训效果的实时反馈。这有助于及时调整培训内容和形式。

第三，数据安全和隐私保护。确保员工的培训数据安全和隐私得到妥善保护。这可以通过数据加密、权限控制和隐私政策来实现。

第四，报告和分析工具。提供报告和分析工具，以帮助企业管理层更好地了解培训效果，作出决策并优化培训管理体系。

第五，学习管理系统。使用现代的学习管理系统来整合培训资源、跟踪员工的学习进度和提供在线学习机会。学习管理系统可以提高培训的效率和可追踪性。

（2）加大政府扶持力度。政府扶持政策在支持科技型中小企业的培训和发展方面发挥着重要作用。

第一，资金支持。政府可以提供资金支持，用于培训计划的开展。这可以包括补贴培训费用、提供培训基金或奖学金，以减轻企业和员工的经济负担。

第二，税收激励。政府可以提供税收激励，鼓励企业投资于员工培训。减税政策、税收抵免和税收优惠可以鼓励企业更多地投入培训。

第三，合作伙伴关系。政府可以促进企业与教育机构、行业协会和研究机构之间的合作伙伴关系，以提供更多的培训资源和专业知识。

第四，创新政策。政府可以制定创新政策，鼓励企业在培训中采用新技术和方法，如虚拟现实、人工智能和大数据分析。

第五，法规支持。政府可以制定法规，鼓励企业提供培训和提供职业发展机会，以满足员工的需求，可以包括法定的最低培训标准和机会平等法规。

2. 基于员工的多样化需求，丰富培训内容与形式

（1）培训前。加强对员工特点和追求的了解。在构建科技型中小企业的培训管理体系之前，必须首先加强对员工的特点和需求的了解。

第一，员工需求分析。了解员工的背景、技能、知识水平和职业目标，以确定培训的具体内容。这可以通过面对面的访谈、调查问卷、绩效评估和一对一会议来实现。

第二，确定培训目标。基于员工需求的分析，制定明确的培训目标。这些目标应该与企业的战略目标相一致，以确保培训的有效性。

第三，制订培训计划。根据培训目标，制订详细的培训计划，包括培训内容、时间表和资源分配。确保培训计划能够满足员工的特定需求。

第四，选择培训方法。根据员工的需求和培训目标，选择合适的培训方法，如课堂培训、在线培训、导师制度等。

第五，建立反馈机制。在培训前，建立员工与培训部门之间的有效反馈机制，以确保培训计划能够不断改进，以满足员工的需求。

（2）培训中。及时了解员工的新需求。培训不是一次性的事件，而是一个持续的过程。在培训过程中，及时了解员工的新需求至关重要，以确保他们在不断变化的环境中保持竞争力。

第一，持续评估。在培训中，定期对员工进行评估，以了解他们的进展和需求是否发生变化。这可以通过定期的测验、反馈会议和绩效评估来实现。

第二，调整培训内容。根据评估的结果，及时调整培训内容，以满足员工新的需求。这可以包括增加新的培训模块、调整培训方法或提供个性化的培训计划。

第三，提供资源支持。如果员工需要额外的资源支持，如学习材料、技术设备或导师指导，及时提供这些资源，以帮助他们更好地完成培训。

第四，促进知识共享。鼓励员工分享他们在培训中获得的知识和经验，以促进团队内部的学习和合作。

第五，持续激励。给予员工适当的激励，以激励他们积极参与培训。这可以包括奖励计划、晋升机会或认可和表扬。

（3）培训后。跟踪员工的培训效果采取激励措施。培训结束后，跟踪员工的培训效果并采取激励措施是确保培训管理体系的成功关键步骤。

第一，评估培训效果。通过评估员工的绩效和成果，确定培训的效果。这可以包括比较培训前后的绩效数据、员工满意度调查和项目完成情况等。

第二，提供反馈。根据培训效果的评估结果，向员工提供积极的反馈和建议，以鼓励他们进一步改进。

第三，激励措施。为那些在培训中表现出色的员工提供激励措施，以鼓励他们继续学习和成长。这可以包括奖励、晋升、特殊项目机会等。

第四，继续发展。在培训后，为员工提供继续发展的机会，以确保他们保持竞争力。这可以包括进一步的培训、导师制度、参与创新项目等。

第五，收集反馈。定期收集员工的反馈，以了解他们的需求是否发生变化，以便及时调整培训管理体系。

（4）发挥企业文化、企业战略的支撑作用。企业文化和战略在科技型中小企业的成功中扮演着至关重要的角色。因此，这些因素应该成为培训管理体系的支撑和指导。

第一，培训与企业文化一致。培训内容和形式应与企业的价值观和文化相一致。这有助于员工更好地理解并接受培训，将其应用于日常工作中。

第二，培训与战略一致。培训计划应紧密与企业战略相联系。培训应该帮助员工掌握与企业目标一致的技能和知识，以支持企业的发展和成长。

第三，创造学习文化。培训管理体系应该鼓励员工不断学习和创新。这可以通过奖励制度、表扬和认可、知识分享和团队合作来实现。

第四，领导力发展。企业文化和战略也应该包括领导力发展作为一个重要组成部分。培养领导者并激发员工的领导潜力是构建成功的科技型中小企业的关键。

（5）创新培训形式，提高投资回报率。创新培训形式可以提高培训的效果和投资回报率。在构建培训管理体系时，考虑采用新颖的方法，以吸引员工的兴趣并提高他们的学习效果。

第一，制定在线培训。随着技术的不断发展，在线培训已经成为一种高效的学习方式。它可以提供灵活性，允许员工在自己的时间和地点学习，并使用多媒体、互动和模拟来增强学习体验。

第二，利用模拟和虚拟现实。模拟和虚拟现实技术可以为员工提供实际工作场景的体验，加强他们的技能和知识。这种沉浸式学习方式有助于提高员工的绩效。

第三，创造竞争性元素。引入竞争性元素，如游戏化学习，可以激发员工的积极性和竞争欲望。员工可以通过完成任务和获得奖励来提高他们的技能。

第四，创新合作项目。鼓励员工参与创新合作项目，如跨部门团队合作、创意工坊等，以促进知识分享和团队建设。

第五，制定个性化学习路径。允许员工根据自己的兴趣和学习风格选择个性化的学习路径，以提高学习的效果。

3. 建立培训风险评估机制

（1）建立培训风险评估机制的步骤

第一，识别潜在风险。企业需要识别可能影响培训计划的各种风险因素。这些风险因素可以包括市场变化、技术变革、法规变化等。通过仔细研究这些因素，企业可以更好地了解潜在风险。

第二，评估风险的严重性和可能性。对于已识别的潜在风险，企业需要评估其严重性和可能性。这有助于确定哪些风险最值得关注和应对。

第三，制定风险应对策略。对于高风险领域，企业应制定相应的风险应对策略。这可能包括减少培训投资、调整培训内容或寻找替代培训方法等。

第四，监测和调整。建立培训风险评估机制不仅仅是一次性的任务，而是一个持续的过程。企业应定期监测风险因素的变化，并根据需要调整其培训计划。

（2）利益相关方的参与。在建立培训风险评估机制的过程中，利益相关方的积极参与至关重要。这包括高管、员工、培训师以及培训参与者。他们的反馈和洞察力可以帮助企业更全面地了解培训的需求和潜在风险。

（3）技术支持的运用。现代科技型中小企业在建立培训风险评估机制时可以充分利用技术支持。使用数据分析工具，可以更好地识别风险因素和趋势，使风险评估更加精确和及时。此外，培训管理系统和在线培训平台也可以提供实时数据，帮助企业跟踪培训效果和员工发展。

第五节　员工的团队建设

一、科技型中小企业团队建设原则

第一，重点建设与整体联动原则。在科技型中小企业中，重点建设与整体联动是一个非常重要的原则。这意味着企业应该明确定义团队的核心任务和目标，并将资源和精力集中在实现这些任务和目标上。然而，这并不意味着忽视其他部分的工作。相反，企业需要确保各个部门和团队之间有良好的沟通和协作，以确保整体的发展和成长。

第二，适当前瞻与结合需求结合原则。团队建设需要考虑未来的发展需求，同时也要满足当前的需求。这就是适当前瞻与结合需求结合原则的核心。科技型中小企业需要不断关注市场的变化和竞争对手的动态，以确保他们的团队建设能够适应未来的挑战。同时，也需要满足当前的需求，以确保企业的稳健运营。这一原则要求企业在制订团队建设计划时要有长期眼光，不仅要考虑当前的问题，还要考虑未来可能出现的挑战。例如，如果一个科技型中小企业的目标是在未来几年内扩大市场份额，他们需要建设一个销售团队，以满足未来的销售需求。同时，他们也需要培养技术研发团队，以保持产品的竞争力。

第三，外部引进与内部培养并重原则。科技型中小企业在团队建设中既可以通过外部引进人才，也可以通过内部培养人才来实现员工的成长。这就是外部引进与内部培养并重原则。外部引进可以带来新的思维和经验，而内部培养可以提高员工的忠诚度和适应性。外部引进人才可以加速团队的发展，特别是当企业需要特定的技能或经验时。同时，内部培养人才也很重要，因为它可以提高员工的士气，增加他们的归属感，并帮助他们在企业内部发展。企业可以制订培训计划，提供员工发展的机会，并鼓励他们不断提升自己的技能。

第四，市场配置与政府引导相结合原则。科技型中小企业的团队建设也需要考虑市场配置与政府引导原则。市场配置意味着企业应该根据市场需求和竞争情况来配置资源和人才。政府引导则是指政府可以通过政策、资金和支持来促进团队建设。市场配置和政府引导应该相互结合，以实现最佳效果。企业需要了解市场需求，以确定他们需要建设的团队和技能。政府可以通过提供资金支持、税收激励和政策引导来帮助企业实施团队建设计划。这种相结合的方法可以帮助企业更好地满足市场需求，同时也能够获得政府的支持。

二、科技型中小企业团队建设策略

（一）营造良好工作氛围

第一，加强对科技型中小企业的良好发展形势舆论宣传是至关重要的。通过宣传报道和社交媒体等渠道，政府和相关利益相关者可以向公众传达这一领域的潜力和价值。这将有助于吸引更多人才和资源，同时也鼓励企业内部员工感到自豪和认同，因为他们能够参与到有意义的工作。鼓励企业与当地媒体和教育机构合作，以扩大对科技型中小企业的宣传和教育力度。

第二，政府可以采取措施设置人才激励和表彰制度，以激励员工在科技型中小企业中发挥出色。这可以包括提供奖金、晋升机会、专业培训等奖励，以鼓励员工积极参与创新和团队建设。此外，定期举行员工表彰活动，将表彰那些为企业发展和团队成功作出贡献的员工，可以增强员工的职业满足感和忠诚度。

第三，制定并颁布具有较高行政效力的专门性规章文件对科技型中小企业的员工团队建设至关重要。这些规章文件可以包括制订员工培训计划、制定团队协作准则、确保工作场所安全等方面的政策。这些政策和规定的实施将有助于创造一个良好的工作氛围，鼓励员工积极合作，同时确保他们的权益和安全受到保护。

（二）完善科技人才市场服务体系与配套服务

第一，规范人力资源市场，发挥其服务作用至关重要。政府和相关部门应该建立规范的市场机制，以确保招聘和就业过程的公平和透明。这包括建立有效的招聘流程、提供职业指导和培训机会，以及保护员工权益。通过这些措施，科技型中小企业可以更容易地吸引和留住高素质的人才。

第二，积极吸纳国内著名猎头企业是改善市场的标准化管理体系的一部分。这些专业机构可以帮助企业定位和招聘高级别的科技人才，从而提高企业的竞争力。此外，建设专项人力资源供求网络平台是为了更高效地满足企业的招聘需求，并降低招聘成本。这些平台可以为企业和求职者提供更多的选择和信息，促进更好的匹配。

第三，鼓励中小企业孵化器、科技园和高新技术工业园合作，建设人才发展园区。这些园区可以吸引企业和人才汇聚，形成企业集群，从而提高创新和竞争力。通过提供共享的资源和支持，这些园区可以促进员工的团队合作和学习。

第四，建立高层次科技人才流动绿色通道制度，实施异地招募，可以帮助科技型中小企业更广泛地吸引外地高素质科技创业人才。这种制度可以在不同地区之间建立更紧密的联系，为企业提供更多的选择和机会。同时，全市各区域的人力资源市场可以为科技型中小企业提供更多的人才资源支持，搭建更好的人才引进平台，从而促进科技型中小企业的可持续发展。

（三）加大科技人才引进力度

第一，在引进高层次人才时坚持引人与引智兼顾。引进高水平的科技人才不仅可以提升企业的研发和创新能力，还可以培养和激励本土员工。政府和企业可以采用各种激励措施，如高薪酬、福利待遇、股权激励等，以吸引和留住高层次的科技人才。这些人才可以担任领导职务，带领团队实现创新和发展。

第二，健全返乡人才创新优惠政策是为了鼓励海外留学人员回国创业和工作。政府可以提供税收减免、创业支持、研发资金等优惠政策，以吸引留学人员返乡。这不仅可以促进科技创新，还可以加大科技型中小企业的人才储备。

第三，设立留学人员科技创新扶持专项、留学人员科技活动择优资助项目，鼓励留学人员在国内从事科研和创新工作。这些项目可以提供资金支持，帮助留学人员开展创新研究和项目，从而为科技型中小企业提供更多的技术和创新资源。

第四，积极推动留学人员创业园建设，为留学人员提供全方位的服务。这些园区可以提供办公空间、创业指导、融资支持等资源，帮助留学人员创办自己的企业。通过这些举措，科技型中小企业可以更容易地吸引到创新型人才。

第五，组建全国海外留学人才返乡公共服务联合体，建立海外留学人员返乡服务体系，为海外留学返乡人才创新就业提供服务。这个联合体可以协调各种资源，包括政府、企业、高校和研究机构，为留学人员提供更多的支持和机会。这将有助于加大科技型中小企业的科技人才引进力度，促进创新和发展。

（四）拓宽科技人才继续教育渠道

第一，可以充分发挥各级企业培训基地、职业学校和人力资源培训机构的人才培养作用，为企业提供专业化人才培训。这意味着企业可以合作或委托这些机构为员工提供定制化的培训课程，以满足不断变化的市场需求和技能要求。这有助于员工不断提升自身的专业素养，增强团队的整体实力。

第二，引导民营企业高素质人员参与政府人才培养项目，为企业人才提供后续教育的机会，允许脱产和半脱产学习，并给予学费补助、报销差旅费等资助。这些鼓励企业内部的高素质人才继续深造的措施，不仅有助于企业内部人才的培养，还可以增加员工对企业的忠诚度和归属感。

第三，坚持个体引导，积极建立中小企业科技创新扶持体系。通过建立中小企业创新团队考核奖励机制，政府可以奖励那些积极参与创新活动的团队，鼓励他们继续提高技能和创新水平。此外，政府科技项目的重点扶持也可以为企业提供更多的人才资源和研发支持，形成创新创业人才的聚集效应。

第四，政府可以组织各级企业人才培训机构定期开展现场宣讲等活动，免费为科技型中小企业人才提供专业技术、企业管理和相关法律法规等方面的培训。这有助于员工不断更新知识和技能，与市场需求保持同步。

第五，加强人才自我教育的途径和方法，健全科学的人才评价体系，可以通过全方位绩效评估、关键业绩指标考核、目标管理等方式来对人才进行考核和培训。这鼓励员工积极参与自我提升，同时也保障了用人单位的利益。

（五）搭建科技人才共享服务平台

第一，建立企业与高校、科研机构的深度合作机制，共同承担重大科研项目。这种合作可以促进知识和技术的流动，帮助企业解决挑战，同时为高校和科研机构的研究人员提供实践和产业化的机会。通过这种合作，科技型中小企业可以获得外围高层次人才的支持，提高创新和研发能力。

第二，创设企业专家对服务基地（园区）评估和扶持机制，完善公共服务功能并配套相关政策。这意味着可以建立专门的机构来评估企业和基地的科技需求，然后提供相应的支持。这些服务基地可以是高新技术企业孵化器、创新园区或高校科技园等，提供企业所需的资源和服务，以帮助他们吸引和培养科技人才。

第三，鼓励高新技术企业申请和设立博士后科研站，为企业吸纳博士后等高素质科研人才创造有利条件。博士后研究人员通常具有丰富的科研经验和技能，他们可以为企业的创新和研发工作提供宝贵的支持。政府可以提供相关政策和资金支持，以鼓励企业设立博士后科研站，吸引博士后研究人员参与企业项目。

第四，主动吸纳海外人才资源，鼓励科技型中小企业申报国外智能建设项目。这可以通过提供特殊优惠政策来吸引外国专家，如融资扶持和物质奖励。外国专家的参与可以带来国际化的视野和经验，为企业提供全球化的机会，同时也为科技型中小企业的国际化发展提供支持。

（六）大力提升科技人才竞争力度

第一，科技型中小企业可以加强与高校、科研机构和创新实验室的合作，以便更容易吸引高水平的科技人才。合作项目可以包括联合研究、知识共享、实习计划等。通过与知名学府和研究机构的合作，企业可以获得专业知识和资源，同时也提供了学生和研究人员参与实际项目的机会，这有助于培养未来的科技精英。

第二，为了提升科技人才的竞争力，企业可以制定具体的职业发展规划和晋升路径。员工需要明确了解他们在企业中的职业发展机会，以及如何通过不断学习和成长来实现个人和职业目标。企业可以提供培训、导师制度、跨部门轮岗等机会，以帮助员工不断提升技能和知识。

第三，企业可以建立奖励和激励机制，以鼓励员工在科技创新和研发方面取得突出成就。这包括提供奖金、股权激励、专利奖励等激励措施。通过这些奖励，企业可以增强员工的动力和积极性，鼓励他们在科技创新领域做出更大贡献。

第四，企业可以鼓励员工参与行业协会、研究组织和学术会议等专业活动。这有助于员工与同行交流、建立专业网络，了解最新的科技趋势和前沿知识。此外，企业还可以资助员工参加培训课程、学术研讨会和国际交流活动，以提高他们的综合素质和国际竞争力。

第五，企业可以积极与当地政府、教育机构和行业协会合作，共同推动科技人才的培养和发展。政府可以提供税收优惠、研发资金、科技创新项目支持等政策，以鼓励企业吸引和培养科技人才。此外，与教育机构和行业协会的合作可以促进更好的科技人才供需匹配，从而提升员工的竞争力。

（七）对科技型中小企业提供专项人才管理服务

第一，加强人才政策信息服务，建立政府与企业之间的政策信息交流系统。这意味着建立一个互联网平台，以便科技型中小企业能够及时了解相关人才政策信息。通过电子邮件等网络途径发布政策信息，帮助企业了解政策的最新变化。此外，定期开展人事管理政策和业务的培训，以满足科技型中小企业的实际需求。这些措施有助于企业更好地掌握人才政策信息，提高人事管理水平。

第二，进一步推进科技型中小企业人才职称申报评定管理工作，以职称制度为员工的职业发展提供导向和激励。政府可以深入落实相关政策，确保科技型中小企业的员工在职称申报时不受地域、身份、工作年限等限制。同时，加大宣传和业务指导力度，帮助员工更好地理解和准备职称申报，推动相关工作全面开展。这有助于提升员工的职业素质和竞争力。

第三，加强对科技型中小企业劳动关系的管理监察和服务力度。通过监督管理、政策宣传和业务指导，帮助企业建立规范的劳动保障制度和福利待遇制度。在合法、公平和公正的前提下，政府可以探索建立劳资纠纷快速解决机制和绿色通道机制，以便更快、更有效地解决劳动纠纷。这有助于维护员工的权益，提高企业的劳动关系管理水平。

第三章
科技型中小企业的绩效管理

第一节 绩效管理的基础认知

绩效管理是一种组织管理方法，旨在通过设定明确的目标、监测和评估员工在工作中的表现，以便提高他们的工作绩效、发展他们的能力，并最终实现组织的目标。"实施绩效管理是优化企业中个人、部门和组织工作绩效的系统管理过程和科学管理方法，是提升企业管理水平、增强竞争优势的重要手段。"①

一、绩效管理的意义

第一，有利于总体战略目标的实现。绩效管理对于组织的总体战略目标实现具有直接的影响。通过设定明确的目标、监测和评估员工的工作表现，组织可以确保员工的工作与组织的长期愿景和目标相一致。这有助于员工明白他们的任务和责任，使其能够更好地贡献到组织的成功。

第二，绩效管理还通过提供有关员工表现的反馈，帮助他们改进工作，提高绩效水平，从而更好地支持组织战略的实施。此外，绩效管理可以帮助组织确定员工的培训和发展需求，以确保员工具备所需的技能和知识，以应对未来的挑战和机会。

第三，有利于对价值链流程的管理。绩效管理不仅仅关注个体员工的表现，还可以扩展到管理整个价值链流程。通过跟踪不同部门和团队的绩效，组织可以更好地了解各个环节的效率和质量，识别存在的问题和瓶颈。这有助于组织采取措施来改进流程、优化资源分配以及提高整体绩效。

第四，绩效管理还可以用于协调不同部门之间的工作，确保各个环节之间的协同合

---

① 柴桂华．科技型中小企业多维精益绩效管理体系设计及应用：以 A 公司为例［J］．财务管理研究，2022（4）：44．

作，以实现更高效的价值链。通过监测和评估跨部门合作的表现，组织可以及时发现并解决协调问题，以确保产品或服务能够以最佳方式交付给客户。

第五，有利于绩效管理文化的塑造。绩效管理不仅仅是一种工具或过程，它还有助于塑造和促进绩效管理文化。绩效管理文化强调透明度、责任和持续改进。它鼓励员工和管理者之间的开放对话和合作，以达成共同的目标。通过建立绩效管理文化，组织可以激励员工积极参与绩效管理过程，使其感到自己的工作和贡献受到重视。这种文化还有助于员工理解绩效管理的目的，认识到它是为了帮助他们有更好的表现以及发展职业。此外，绩效管理文化还鼓励员工关注结果和质量，促进团队合作，以实现共同的成功。

二、绩效管理的地位

（一）与工作分析的关系

工作分析是评估组织中工作职责和任务的过程，它有助于确定工作所需的技能、知识和特征。绩效管理与工作分析密切相关，因为绩效管理的成功依赖于明确定义的工作职责和期望。

第一，目标设定的基础。在绩效管理中，为员工设定明确的工作目标是至关重要的。这些目标应该基于工作分析的结果，确保员工了解他们的任务和责任，从而能够将其工作与组织的目标相一致。

第二，反馈的依据。绩效管理依赖于对员工表现的监测和评估。工作分析提供了评估员工表现的标准，以确定是否达到了设定的目标。这种反馈对于改进绩效和发展员工至关重要。

第三，培训和发展的依据。工作分析还有助于确定员工所需的培训和发展需求。绩效管理可以使用这些需求，为员工提供适当的培训和发展机会，以提高他们的绩效水平。

（二）与招聘甄选的关系

招聘甄选是组织选择合适员工的过程，以满足特定岗位的需求。绩效管理与招聘甄选密切相关，因为组织需要招募适合并能够在绩效管理体系中表现出色的员工。

第一，设定招聘标准。绩效管理的成功开始于招聘阶段。组织需要根据绩效管理体系的要求，明确定义招聘标准，以确保招聘的员工具备必要的技能和特征。

第二，对候选人进行评估。绩效管理要求对员工的表现进行监测和评估，因此招聘时，需要选择具有潜力的员工，能够适应组织的绩效管理体系。这需要借助面试、测评等工具来评估候选人的适应性。

第三，对新员工的培训。招聘到的新员工需要了解组织的绩效管理体系以及其在其中的角色。因此，培训和引导是确保新员工成功融入绩效管理体系的关键环节。

（三）与培训开发的关系

培训和开发是组织中提高员工技能和知识的重要手段。绩效管理与培训开发之间存在密切关系，因为绩效管理可以识别员工的培训需求，并提供指导来支持其职业发展。

第一，识别培训需求。通过绩效管理，组织可以识别员工在特定领域需要改进的地方。这些领域可以成为培训和开发的重点，以提高员工的绩效水平。

第二，制订培训计划。绩效管理提供了有关员工表现的数据，可以用于制订个性化的培训计划。这些计划应根据绩效评估的结果来调整，以确保员工获得他们所需的支持。

第三，支持职业发展。培训和开发也有助于员工的职业发展。绩效管理可以确定员工的潜力和职业目标，从而为其提供适当的培训和发展机会，帮助他们实现个人和组织的目标。

（四）与薪酬福利的关系

薪酬和福利是激励员工、奖励绩效出色的员工以及保留高绩效员工的重要因素。

第一，薪酬奖励。绩效管理提供了评估员工绩效的依据，这可以用于决定员工的薪酬水平。高绩效员工通常会获得更高的薪酬奖励，以激励他们保持卓越的表现。

第二，福利计划。绩效管理可以帮助组织确定员工的需求，包括福利需求。通过了解员工的表现和反馈，组织调整福利计划，以满足员工的期望。

三、绩效管理的影响因素

第一，管理者的理念。管理者的理念和信念对绩效管理的实施和效果具有深刻的影响。管理者的理念涉及他们对绩效管理的态度、期望和价值观。如果管理者坚信绩效管理对于提高员工绩效和实现组织目标至关重要，那么他们更有可能投入更多的精力和资源来支持和推动绩效管理的实施。管理者的理念涉及对绩效管理的哲学，例如，是否更注重激励和发展员工，还是更注重惩罚和控制员工。不同的管理者理念会导致不同的绩效管理方法和文化。

第二，高层领导支持的程度。高层领导支持绩效管理对于整个组织的成功至关重要。如果高层领导层明确表达对绩效管理的支持，那么中层管理和员工更有动力参与绩效管理过程。高层领导的支持还可以确保绩效管理得到足够的资源和关注，以便有效实施。

高层领导不仅仅是口头上的支持者，他们的实际行动和决策也会影响绩效管理的结果。如果高层领导将绩效管理与奖励和晋升机会联系起来，并对绩效卓越的员工给予认可和激励，员工将更有动力积极参与绩效管理。

第三，人力资源管理部门的尽职程度。人力资源管理部门在绩效管理的设计、实施和监督中扮演着关键的角色。人力资源专业人员应当具备专业知识，能够设计有效的绩效管理体系，并提供培训和支持以确保员工理解和遵守绩效管理政策和程序。

此外，人力资源管理部门需要协调和监督绩效管理过程，以确保它按照计划进行，并符合法规和政策。他们还应当能够处理绩效管理中的争议和投诉，以确保过程的公平性和透明度。

第四，员工对绩效管理的态度。员工的态度对于绩效管理的有效实施至关重要。如果员工对绩效管理持积极的态度，他们更愿意参与目标设定、反馈和发展计划。反之，如果员工对绩效管理持消极态度，可能会对过程产生抵触情绪，从而降低绩效管理的效力。

员工的态度受到多种因素影响，包括他们对绩效管理公平性、透明度和有效性的认识。因此，组织需要积极沟通和教育员工，以确保他们理解绩效管理的价值和目的。

第五，绩效管理与组织战略的相关性。绩效管理应当与组织战略紧密相关，以确保员工的表现支持组织的长期目标。如果绩效管理的目标、标准和奖励体系与组织战略不协调，可能会导致员工的努力不符合组织的战略需求。

因此，组织需要确保绩效目标与组织战略一致，并在绩效管理过程中强调战略目标的重要性。这有助于员工明白他们的工作如何与组织的长期目标相联系。

第六，绩效目标的设定。绩效目标的设定是绩效管理的核心。清晰、明确和可衡量的绩效目标是绩效管理的基础。如果绩效目标过于模糊或难以量化，员工将难以理解他们的任务和职责，绩效管理也将变得困难。

绩效目标的设定应当基于工作分析和组织战略，以确保它们与组织的需要一致。这些目标还应当能够反映员工的能力和潜力，以便激励他们不断提高自己的表现。

第七，绩效指标的设置。绩效指标是用于衡量员工表现的具体标准和指导。绩效指标的设置需要考虑组织的特定需求和目标，以确保它们与绩效目标一致。

四、绩效管理的过程

（一）绩效管理目标建立

绩效管理目标是指员工在一定时期内所要达成的与组织目标相一致的绩效标准。通常情况下，绩效管理目标需要具备明确性、可度量性、可实现性、相关性和时限性等特征。

1. 绩效管理目标的重要性

绩效管理目标的重要性具体表现为以下几点：①为衡量和讨论绩效提供可理解和接受的基本依据。绩效管理目标可细化为具体的评估指标和标准，便于操作，也减少了评估者与被评估者之间的矛盾。②有利于员工明确自己的工作对组织的贡献。与组织目标相一致的绩效管理目标可以使员工明白自己的工作对组织的贡献，并了解自己在组织中的角色。③有利于员工进行自我管理和自我发展。明确的绩效管理目标能够帮助员工实现自我管理和监督，增强自我发展的意识和能力。

2. 绩效管理目标的类型

（1）短期目标与长期目标。根据绩效完成的时间长短可分为短期绩效管理目标与长期绩效管理目标。短期绩效管理目标可在几个星期或几个月内完成，一般来说不跨年。长期绩效管理目标完成的时间则更长一些，可能要二到三年，甚至更长的时间，也可能把绩效管理目标分成几个关键阶段来完成。

（2）组织目标与个体目标。绩效具有不同的层面，这里的组织绩效管理目标强调的是一种集体绩效管理目标，包括组织的、部门的、团队的。个体绩效管理目标指落实到员工个人的目标。在组织绩效管理系统中，组织绩效管理目标一般都层层分解为个体绩效管理目标，而且组织绩效管理目标与个体绩效管理目标互为一体。此外，个体绩效管理目标还包括员工个人的发展和成长等。

（3）常规目标与创新目标。常规绩效管理目标指绩效维持在组织可接受的范围内。它一般可分为五个层次，即杰出、优秀、良好、合格、可接受但需要改进。创新绩效管理目标一般指为特定工作而设立的绩效管理目标，目的是激发员工的创造力，或者鼓励员工采取新方法或新思路，大多是一种探索性的绩效管理目标。

（二）绩效计划

绩效计划是绩效管理的第一步，它为整个绩效管理过程提供了基础。在绩效计划阶段，组织需要制定清晰的绩效标准和目标，以便员工知道他们被期望实现什么样的绩效水平。

第一，设定绩效标准。绩效标准是用于评估员工绩效的具体标准。这些标准可以基于工作职责、技能要求和组织目标来制定。它们应该是可量化的，以便能进行客观地评估。

第二，制订绩效目标。绩效目标是员工需要实现的具体目标和任务。这些目标应该与绩效标准一致，并应该是具体、可衡量、可达到、相关和时限的目标。

第三，制订绩效计划。绩效计划是一个详细的文档，包括绩效标准、目标和所需的行动步骤。这个计划应该由员工和管理者一起制订，以确保双方对绩效期望达成一致。

（三）绩效辅导

绩效辅导是帮助员工实现他们的绩效目标的过程。在这一阶段，管理者需要提供支持、指导和资源，以确保员工能够达到他们的目标。

第一，制订工作计划。在绩效辅导阶段，管理者应当与员工一起制订工作计划，以确保他们明白如何实现绩效目标。这包括分配任务、制定时间表和确定所需的资源。

第二，提供培训和发展。如果员工需要额外的培训或发展来实现绩效目标，管理者应当提供支持。这可以包括内部培训、外部培训或分配导师。

第三，持续沟通和反馈。绩效辅导是一个双向的过程，需要经常的沟通和反馈。管理者应当与员工保持开放的对话，提供及时的反馈，以便员工了解他们的进展情况，并进行必要的调整。

（四）绩效实施

绩效实施是指员工根据绩效计划和辅导取得实际的工作成果。在这一阶段，员工应当专注于实现他们的绩效目标，以确保他们满足绩效标准。

第一，执行工作计划。员工应当按照工作计划执行任务，并确保按时完成。这需要自我管理、时间管理和任务执行的能力。

第二，解决问题和挑战。在绩效实施过程中，员工可能会遇到问题和挑战。他们需要能够解决这些问题，或者及时寻求帮助。

第三，记录工作成果。员工应当记录他们的工作成果，以便后续的绩效评估和反馈。

（五）绩效反馈与激励

绩效反馈与激励是绩效管理的关键阶段，它提供了有关员工绩效的评估和反馈。同时提供了激励措施，以奖励卓越的绩效。

第一，绩效评估。绩效评估是通过比较员工的绩效与设定的标准和目标来评价其工作表现的过程。这可以采用不同的评估方法，如自我评估、同事评估和管理者评估。

第二，提供反馈。绩效反馈是提供员工有关其绩效的信息，包括强项和改进之处。反馈应该是及时的、具体的和建设性的，以帮助员工了解他们的绩效，并指导他们改进。

第三，激励和奖励。绩效反馈后，管理者应当提供激励和奖励，以奖励员工的卓越表现。这可以包括薪酬奖励、表扬、晋升机会和其他奖励措施。

（六）绩效改进与提高

绩效改进与提高是一个连续的过程，旨在帮助员工不断提高其绩效水平。这个过程包括反思和调整,以便实现更好的绩效。

第一,设定新的目标。基于绩效评估和反馈,员工和管理者可以一起设定新的绩效目标,以帮助员工不断提高。

第二,提供培训和发展。如果员工需要进一步的培训和发展来改进绩效,管理者应当提供支持和资源。

第三,监督和调整。绩效改进需要监督和调整。管理者应当与员工一起定期审查绩效目标的进展,并进行必要的调整。

第四,鼓励反馈和自我反思。员工应当鼓励提供自己的反馈,并进行自我反思,以改进绩效。

五、绩效管理的展现形式

(一)正激励

正激励,就是奖励,是指使用奖励与认可来激励员工,以鼓励他们继续表现出色。这种激励形式强调正向强化,即通过奖励员工的卓越表现来增加这种行为的频率。正激励包括以下方面。

第一,薪酬奖励。此种奖励形式包括薪资加薪、奖金、股票期权和其他金钱方面的奖励。通过提供额外的经济激励,组织可以激励员工努力工作,提高绩效水平。

第二,表扬和认可。管理者和同事的表扬和认可是正激励的重要组成部分。员工希望被认可和赞赏,这种情感奖励可以增强员工的工作满意度和士气,促使他们更加努力地工作。

第三,晋升和职业发展机会。向员工提供晋升和职业发展机会是一种有力的正激励方式。员工通常会因为有机会提升自己的职业水平和地位而保持高度的工作动力。

第四,工作灵活性。提供工作时间灵活性、远程工作和其他工作条件的调整也可以视为一种正激励,因为它提高了员工的工作满意度。

(二)负激励

负激励是一种惩罚或制裁的方式,旨在减少或消除员工不良行为或表现不佳的行为。负激励侧重于消极强化,即通过惩罚员工来降低不良行为的发生率。

第一,处罚和纪律措施。当员工表现不佳或违反规定时,组织可能会采取处罚措施,如警告、降级、停职或开除。这些措施的目的是减少不适当的行为和维护纪律。

第二,降薪或福利削减。如果员工表现不佳,组织可能会减少其薪酬或福利待遇。这种方式可以作为一种负激励，以减轻不良行为的后果。

第三，冻结晋升和晋升机会。组织也可以采取措施限制员工的晋升机会，以对不良表现进行负激励。员工如果知道他们的不良表现将妨碍他们的职业发展，可能会更有动力改善表现。

（三）正负激励

正负激励结合了正激励和负激励的元素，以更全面地影响员工的表现。这种绩效管理展现形式通常涵盖了一系列奖励和惩罚措施，旨在激励员工在特定行为或绩效方面达到或超越标准。

第一，奖励和处罚契约。这种契约规定员工达到或超越特定绩效标准时将获得的奖励，以及未能达到标准时将面临的处罚。这种方式强调了正向和负向强化，以影响员工的绩效。

第二，绩效评估和反馈。正负激励还包括定期的绩效评估和反馈，以表扬卓越表现并提供改进建议。员工知道他们的表现将直接影响奖励和职业发展，这是正负激励的一部分。

第三，目标设定和绩效计划。正负激励侧重于设定明确的绩效目标，并将这些目标与奖励和处罚相结合。员工明白达到目标将获得奖励，未能达到目标可能会面临处罚。

正负激励通常视为一种更全面的绩效管理方法，是结合奖励和处罚来激励员工，以在多个维度上提高其绩效。它可以更好地引导员工朝着组织的战略目标前进，并促使员工更好地理解他们的行为对绩效和职业发展的影响。

第二节　绩效管理的沟通机制

绩效管理的重要途径，是绩效沟通。通过绩效沟通来更有效地实现管理的目的，这是现代人力资源管理的重要内容。因此，作为科技型中小企业管理来说，管理者做好员工的绩效沟通，激励员工的工作积极性，顺利实现科技型中小企业目标，是非常重要的。

一、沟通与绩效管理

（一）沟通

沟通，作为人际互动的基本要素，扮演着至关重要的角色，无论是在个人生活中还是职业领域中。沟通不仅仅是简单的信息传递，它包含了更深层次的意义，涵盖了情感、思想、观点、愿望以及各种复杂的社会互动。下面将探讨沟通的含义，以及它在不同领域中的重要性。

第一，沟通是信息交流的方式。通过语言、文字、肢体语言、面部表情等多种方式，人们能够传递和接收信息。这种信息交流是社会生活的基础，它帮助人们了解彼此，分享知识和经验，以及解决问题。无论是家庭、学校、工作场所还是政府机构，都需要有效的沟通来保持秩序和协调。

第二，沟通是情感表达的工具。人们通过语言和肢体语言来表达情感，如喜怒哀乐、爱恨情感等。当人们分享自己的情感时，他们不仅能够得到他人的理解和支持，还能建立更深层次的情感联系。这有助于建立亲密关系、增强信任和减轻情感压力。

第三，沟通还是思想交流的手段。通过对话和讨论，人们能够分享自己的观点、想法和理念。这种思想交流有助于启发创新、解决问题和推动社会进步。在学术界和商业领域，沟通是推动知识和技术发展的关键。

第四，沟通也是合作和协调的工具。在团队工作、项目管理和政府决策中，有效的沟通是确保各方协同工作的关键。它有助于明确任务分工、设定目标，以及解决冲突。

第五，沟通是社会互动的黏合剂。它有助于建立社会结构、文化和社区。通过沟通，人们能够了解彼此的文化、价值观和传统，从而促进多元文化的共存和相互尊重。社会中的规范和礼仪也依赖于有效的沟通。

在现代社会中，随着科技的不断发展，沟通的方式也在不断演变。从传统的面对面交流到电话、电子邮件、社交媒体等，人们有了更多的选择。然而，尽管沟通方式有所改变，沟通的基本含义并未改变。无论是在线还是线下，有效的沟通仍然是成功的关键。

（二）绩效沟通

绩效沟通是指雇主和员工之间的一种双向沟通，目的是评估和讨论员工的工作绩效。这种沟通通常是定期进行的，以便员工了解自己的绩效如何，以及如何改进。

1. 绩效沟通的目标

（1）评估绩效。评估绩效是通过绩效沟通，管理层可以清晰地了解员工在工作中的表现，包括其强项和发展领域。这有助于雇主制订培训计划、晋升机会和薪酬决策。

（2）反馈和改进。绩效沟通为员工提供了机会，可以听取管理层的反馈，了解他们在工作中的不足，并提供改进建议。这种反馈对于员工的成长和发展至关重要。

（3）设定目标和期望。科技型中小企业通过绩效沟通，管理层可以明确传达组织的目标和期望，确保员工明白他们在工作中应该追求的目标。

（4）来决定薪酬、奖金和其他激励措施。

2. 绩效沟通的重要性

绩效沟通对于组织的成功和员工的发展至关重要。

（1）提高员工参与度。绩效沟通鼓励员工积极参与自己的绩效评估和发展。员工感到自己的声音被听到，他们更有动力去改进和努力工作。

（2）促进发展和成长。绩效沟通提供员工发展的机会。通过了解自己的强项和弱点，员工可以制订个人发展计划，并获取所需的培训和支持。

（3）提高绩效。绩效沟通可以帮助员工明确目标，并在实现这些目标方面提供指导。员工了解自己的绩效对于组织的成功有多重要，他们更有动力去超越自己的极限。

（4）促进员工满意度。绩效沟通可以增加员工满意度。员工感到他们的工作受到了认可和重视，他们更愿意留在组织中，并为其贡献更多。

（5）有效管理资源。通过绩效沟通，管理层可以更好地了解员工的绩效，从而更有效地分配资源和制定决策。

（三）绩效沟通与绩效管理的联系

第一，目标设定。绩效沟通开始于目标设定阶段。在这一阶段，员工和管理层可以共同制定明确的工作目标和期望。这确保了员工清楚了解他们的任务，以便在绩效评估时能够有一个明确的标准。

第二，绩效评估。绩效管理的核心是对员工绩效的评估。绩效沟通通过提供具体的评估和反馈，帮助员工了解自己在工作中的强项和发展领域。这是绩效管理过程的关键步骤。

第三，反馈。绩效沟通为管理层提供了反馈的机会。管理层可以指出员工的绩效中的亮点，并提供改进的建议。这种反馈是绩效管理的关键组成部分，可以帮助员工不断改进。

第四，奖励和认可。绩效管理通常涉及奖励和认可卓越绩效。绩效沟通可以用来传达这些奖励和认可，以鼓励员工的卓越表现。

第五，发展计划。绩效沟通也为员工提供了制订个人发展计划的机会。员工可以与管理层一起讨论如何改进其绩效，并获得所需的培训和支持。

第六，激励员工。绩效沟通有助于激发员工的工作动力。员工了解他们的工作绩效对于组织的成功有多重要，这鼓励他们更加努力地工作，以达成组织的目标。

总之，绩效管理和绩效沟通是相辅相成，共同促进员工的发展、组织的成功以及目标的实现。绩效沟通在整个绩效管理过程中发挥关键作用，确保了员工明确了解自己的绩效，提供反馈和指导，并帮助员工不断改进。通过有效的绩效管理和绩效沟通，组织可以建立一个高效的工作环境，激发员工的潜力，实现共同的目标。

二、绩效沟通的有效性策略

（一）强化沟通理念，形成良好氛围

科技型中小企业的绩效沟通，需要强化绩效沟通理念，形成良好沟通氛围。绩效沟通是科技型中小企业中不可或缺的一环，它有助于提高组织的整体绩效，确保员工明白自己的职责和目标，以及他们在实现企业战略中的角色。为了取得成功，科技型中小企业必须建立一种积极的绩效沟通文化，强化绩效沟通的重要性。

第一，强化绩效沟通理念对于科技型中小企业至关重要。绩效沟通不仅仅是一种例行公事，它应该被看作组织成功的关键因素之一。科技型中小企业领导层需要明白，绩效沟通不仅仅是一种管理工具，更是一个战略性工具，可以帮助企业实现其长期目标。领导层应该坚信，通过积极的绩效沟通，可以提高员工的参与度，激发他们的工作热情，从而推动创新和增长。

第二，形成良好的沟通氛围至关重要。在科技型中小企业中，员工往往是高度专业化的，他们可能在不同的领域拥有不同的专业知识。因此，建立一种鼓励开放对话和知识共享的文化是必不可少的。这可以通过定期的会议、团队建设活动和开放的反馈机制来实现。领导层应该鼓励员工提出问题、分享见解，并确保他们的声音得到重视。这将有助于提高沟通的透明度，减少信息不对称，从而增进团队协作和绩效提升。

第三，使用多样化的沟通工具也是必要的。随着科技的不断发展，科技型中小企业可以利用各种数字工具来促进绩效沟通。除了传统的面对面会议和电子邮件，科技型中小企业可以使用在线协作平台、社交媒体、即时消息应用程序等工具来更有效地与员工交流。这有助于打破时间和地域的限制，使员工能随时随地获取必要的信息，提高工作效率。

第四，要注意绩效沟通的频率。绩效沟通不应仅仅限于年度绩效评估，而应该是一个持续的过程。科技型中小企业可以采用定期的绩效反馈会议，每月或每季度与员工讨论他们的进展和目标，以及如何改进。这样可以及时纠正问题，鼓励员工在整个绩效周期中保持高度专注。

（二）建立有效绩效沟通制度

第一，建立系统完善的绩效沟通制度有助于明确责任和职权。在科技型中小企业中，通常存在较为扁平的组织结构，因此明确每个员工的责任和职权至关重要。通过制定明确的绩效沟通制度，可以确保每个员工了解自己的职责和目标，以及如何与组织的整体目标相对应。这有助于减少混淆和冲突，提高组织的工作效率。

第二，绩效沟通制度可以确保绩效数据的准确性和一致性。在科技型中小企业中，绩效数据可能来自不同的部门和系统，因此需要建立一种系统，以确保数据的准确性和一致性。绩效沟通制度可以规定数据收集和报告的标准和程序，确保数据的可比性，从而支持管理决策和员工的自我评估。

第三，制度还可以规定绩效反馈的频率和方式。科技型中小企业需要不同的绩效沟通方式，如定期的一对一会议、团队会议、在线反馈工具等。绩效沟通制度应该根据科技型中小企业的需求和文化来确定最适合的方式，并规定绩效反馈的频率，以确保员工和管理层之间的持续互动。

第四，制度也可以规定绩效沟通的机制和渠道。员工通常希望能够直接与管理层和同事交流，分享反馈和建议。绩效沟通制度可以明确员工可以通过哪些渠道提出问题和建议，以及如何保障他们的意见被认真考虑。这有助于建立一种开放的沟通文化，鼓励员工参与和贡献。

第五，绩效沟通制度应该强调保护隐私和数据安全。在收集和分享绩效数据时，科技型中小企业必须遵守相关的法规和法律要求，确保员工的隐私权得到保护。制度应该明确如何处理敏感信息，以及如何保障数据的安全性，以避免泄露或被滥用。

（三）培训管理者的绩效沟通技巧和能力

第一，绩效沟通培训有助于管理者理解绩效沟通的重要性。在科技型中小企业中，管理者可能更关注技术和产品的发展，而忽视了绩效沟通的价值。绩效沟通培训可以帮助他们认识到，通过有效的绩效沟通，可以提高员工的工作满意度、减少员工流失率，以及增加绩效水平。管理者了解到绩效沟通不仅仅是例行工作，而是战略性的工具，有助于实现科技型中小企业的长期目标。

第二，培训可以提高管理者的沟通技巧。绩效沟通需要管理者具备一定的沟通技巧，包括倾听、提问、反馈等。这些技巧有助于建立信任、鼓励员工分享反馈和建议，以及帮助员工明白他们的职责和目标。绩效沟通培训可以提供实际的技巧和工具，使管理者能够更好地与员工沟通，解决问题，激发积极性。

第三，培训还可以帮助管理者理解不同员工的需求和期望。在科技型中小企业中，员工往往具有不同的专业背景和技能，他们可能对绩效评估和反馈有不同的期望。绩效沟通培训可以教导管理者如何根据员工的个体差异，提供个性化的绩效反馈。这有助于满足员工的需求，提高他们的工作满意度。

第四，培训可以提高管理者的冲突解决能力。绩效沟通中可能会出现不同意见和冲突，管理者需要具备处理这些情况的能力。培训可以帮助他们学会有效地处理冲突，促进合作和团队协作，以实现共同的绩效目标。

（四）加强绩效沟通全面贯穿管理各环节

第一，绩效沟通应该从绩效计划的制订阶段开始。在科技型中小企业中，明确定义绩效目标和期望是至关重要的。绩效沟通可以帮助管理层与员工一起制定明确的绩效目标，确保员工理解他们的职责和期望，以及如何与企业的战略目标相契合。这不仅有助于提高员工的工作满意度，还有助于确保绩效目标与企业的战略一致。

第二，绩效沟通在绩效评估过程中扮演关键角色。绩效评估是了解员工工作表现和提供反馈的重要机制。通过加强绩效沟通，管理者可以与员工一起讨论他们的绩效，提供具体的反馈和建议，以帮助他们改进。这种双向的绩效沟通有助于员工更好地理解自己的强项和改进的领域，从而增强工作动力。

第三，绩效沟通还在绩效奖励和激励阶段发挥作用。科技型中小企业通常拥有有限的资源，因此需要制定激励机制来激发员工的积极性。通过绩效沟通，管理层可以清晰地解释奖励制度，让员工了解他们如何能够获得奖励，并鼓励员工积极追求卓越。这种透明性有助于员工更好地理解激励机制，提高他们的工作动力。

第四，绩效沟通还在绩效改进和发展计划的制订中发挥作用。管理者可以与员工一起制订发展计划，帮助他们提高技能，追求职业发展。绩效沟通可以帮助员工了解他们的发展机会，以及企业愿意为他们提供的支持。这有助于员工感受到被关注和支持，提高他们的工作满意度。

（五）多维度绩效沟通，全面宣传

第一，多渠道的绩效沟通有助于信息传达的广泛性。科技型中小企业通常拥有不同的员工群体，包括技术人员、销售团队、管理人员等。因此，通过不同的传播渠道，如内部会议、电子邮件、内部网站、团队会议等，可以确保绩效信息覆盖到每个员工。这有助于消除信息不对称，提高员工对绩效目标和期望的理解。

第二，多角度的绩效沟通可以满足不同员工的需求。不同员工可能对绩效信息的需求不同。例如，技术人员可能更关心项目的技术指标，销售团队可能更关注销售业绩。因此，绩效沟通应该根据不同员工群体的需求，提供针对性的信息。这可以通过不同的绩效报告、定期的一对一会议、团队讨论等方式来实现。

第三，多层次的绩效沟通可以确保信息的深入传达。绩效信息可以从高层管理层传达到中层管理层，再传达到前线员工，确保每个层次的员工都能理解绩效目标和期望。这有助于建立一种一致的绩效文化，使员工与组织的目标保持一致。

第四，多渠道、多角度、多层次的绩效沟通可以增加员工对绩效沟通的参与度。员工参与绩效沟通的程度对于绩效改进至关重要。通过提供多种渠道和角度，员工可以更自由地参与绩效讨论，提出建议和反馈，从而促进持续改进。

第五，这种绩效沟通宣传方法有助于提高员工对绩效管理的接受度。绩效管理通常涉及绩效评估、目标设定、奖励制度等，对于员工来说可能是敏感的问题。通过多渠道、多角度、多层次的宣传，可以建立开放和透明的绩效管理文化，帮助员工理解绩效管理的目的，减少不信任和抵抗。

（六）完善绩效管理制度，层层传导通信

第一，健全的绩效管理制度可以明确绩效目标和期望。在科技型中小企业中，明确定义绩效目标是至关重要的，因为这有助于员工了解他们的职责和企业的期望。绩效管理制度应该明确规定如何制定、传达和确认绩效目标，以确保每个员工都知道自己的工作任务和目标。

第二，制度可以规定绩效评估的程序和标准。绩效评估是绩效管理的核心环节，通过明确的程序和标准，可以确保绩效评估的公正性和客观性。绩效管理制度应该规定评估的时间表、评估的方法和标准，以帮助管理者和员工了解如何进行绩效评估，以及如何提供反馈。

第三，制度还可以规定绩效奖励和激励机制。绩效奖励是激发员工积极性的关键，因此绩效管理制度应该明确规定奖励的类型、条件和分配方式。这有助于员工了解如何获得奖励，从而增强他们的工作动力。

第四，制度可以规定绩效改进计划的制订和实施。绩效改进是绩效管理的关键目标之一，因此制度应该明确规定如何制订和实施绩效改进计划。这可以帮助员工了解如何改进自己的绩效，以及企业愿意提供的支持和资源。

第五，绩效管理制度可以规定绩效沟通的程序和责任。绩效沟通是绩效管理的重要环节，制度可以明确规定如何进行绩效沟通，谁负责传达绩效信息，以及如何提供反馈和建议。这有助于确保绩效沟通的一致性和有效性。

三、绩效管理沟通的机制

（一）目标制定沟通阶段

科技型中小企业建立有效的绩效管理机制，以确保其员工能够朝着既定目标迈进。在绩效管理的过程中，沟通是至关重要的一环。绩效管理的目标制定阶段是绩效管理过程中的第一步，它为员工提供了明确的方向和期望。在科技型中小企业中，目标通常与创新、技术发展和市场竞争密切相关。因此，确保目标制定过程的清晰和有效沟通至关重要。

第一，科技型中小企业的领导层需要与员工共享企业的长期愿景和目标。这种愿景应该明确反映企业在技术和创新方面的抱负，以激励员工积极参与并为实现这些目标做出贡献。在这个阶段，领导层应该使用多种沟通工具，包括会议、内部通信、团队讨论等，以确保员工对企业的未来方向有充分的理解。

第二，目标的具体制定需要透明和参与性。领导层应该与各级员工合作，以制定能够激发员工积极性的目标。在这一过程中，科技型中小企业可以采用开放式对话、反馈机制和定期讨论，以确保员工的观点被充分考虑，并能够为目标的制定提供宝贵的建议。这种参与性的目标制定不仅可以提高员工的承诺度，还可以提高目标的可行性。

第三，目标制定阶段的沟通应该明确阐述员工的角色和责任。科技型中小企业通常涉及多个团队和职能部门，因此需要清晰的分工和协作。领导层应该明确说明每个员工在实现目标时的职责，并提供必要的资源和支持。这可以通过明确的工作计划、角色描述和培训来实现。

第四，沟通应该是持续的，而不是一次性的。科技型中小企业的绩效管理不是一次性的活动，而是一个持续的过程。因此，领导层应该建立定期的反馈和跟进机制，以监测目标的达成情况，并根据需要进行调整。这种持续的沟通有助于及时解决问题、调整战略并保持员工的动力。

（二）绩效实施沟通阶段

第一，绩效实施阶段的沟通需要明确阐述员工的具体任务和目标。科技型中小企业可能涉及复杂的技术项目和创新活动，因此员工需要明确了解他们的任务和职责。领导层应该与员工进行个别沟通，以确保每个人都了解自己的任务，以及如何与团队协作以实现共同的目标。此外，使用项目计划和进度报告等工具也可以帮助员工跟踪自己的进展。

第二，绩效实施阶段的沟通应该强调绩效标准和期望。科技型中小企业通常需要创新和不断改进，因此需要明确的绩效标准来衡量员工的表现。领导层应该明确向员工传达这些标准，并确保员工明白自己被评估的标准是什么。这种明确的期望有助于员工明白自己的工作如何与企业的目标相连，并激励他们努力工作以达到这些标准。

第三，绩效实施阶段的沟通需要提供支持和资源。科技型中小企业可能需要员工具备特定的技能和知识，以应对技术和创新的挑战。领导层应该确保员工获得必要的培训和支持，以便他们能够胜任自己的工作。此外，提供资源和工具，如技术设备和软件，也是确保员工能够有效履行职责的关键因素。

第四，绩效实施阶段的沟通应该包括持续的反馈和评估。员工需要知道他们的工作表现如何，以及如何改进。领导层应该建立定期的评估机制，以提供具体的反馈，帮助员工识别自己的优点和不足。这种反馈有助于员工不断改进自己的表现，从而推动企业朝着成功前进。

（三）绩效面谈沟通阶段

第一，绩效面谈阶段的沟通应该强调员工的成就和改进机会。科技型中小企业通常处于不断发展和创新的阶段，员工的贡献至关重要。在绩效面谈中，管理层应该积极肯定员工在技术和创新方面的成就，并提供具体的例子来支持这些肯定。同时，也应该明确指出员工可能需要改进的方面，并为他们提供发展计划和培训机会，以提高绩效水平。

第二，绩效面谈是一个双向的沟通过程。员工应该有机会表达他们的意见和关切，分享自己对工作和发展的看法。管理层应该倾听员工的声音，并与他们建立开放的对话，以建立信任和承诺。这种双向沟通有助于解决潜在的问题，改进工作流程，并增强员工的工作满意度。

第三，绩效面谈阶段的沟通应该强调个人和组织的目标之间的连接。员工需要知道他们的工作如何有助于实现企业的目标，尤其是在科技和创新方面。管理层应该与员工分享企业的长期愿景和员工如何工作、作出贡献直到这一愿景的实现。这种联系有助于激发员工的工作热情，使他们明白自己的工作价值。

第四，绩效面谈阶段的沟通需要建立明确的行动计划和目标。面谈后，员工和管理层应该共同制定明确的目标和计划，以改进员工的绩效。这些目标应该是具体、可衡量、可执行的，同时也应该与员工的职责和组织的目标相一致。制订明确的行动计划有助于员工明白自己的下一步工作是什么，以及如何实现这些目标。

（四）绩效改进沟通阶段

第一，绩效改进阶段的沟通应强调员工的积极参与和反馈。科技型中小企业通常需要员工的积极参与，以推动技术创新和不断改进。管理层应该积极鼓励员工提出建议和反馈，以改善工作流程和提高效率。员工应该明白他们的意见是宝贵的，并且管理层愿意倾听和采纳他们的建议。

第二，绩效改进阶段的沟通应该重点关注问题解决和创新。科技型中小企业可能会面临各种挑战，包括技术问题、市场竞争和创新难题。管理层应该鼓励员工一同探讨和解决这些问题，以提高企业的竞争力。沟通可以通过开放的讨论、创意会议和团队合作来促进创新和问题解决。

第三，绩效改进阶段的沟通应该明确目标和测量标准。企业需要明确的绩效指标来衡量改进的效果。管理层应该与员工一同制定明确的目标，以确保员工明白他们需要追求的结果。这些目标应该是具体、可衡量、可行的，以便员工可以衡量自己的进展。

第四，绩效改进阶段的沟通应该强调学习和发展。科技型中小企业通常处于不断变化和发展中，员工需要不断学习和提升自己的技能。管理层应该提供培训和发展机会，鼓励员工不断学习新知识和技能。此外，建立反馈和评估机制有助于员工了解自己的改进需要，以及如何制订个人发展计划。

第三节 绩效管理的操作技巧与策略

一、科技型中小企业绩效管理的操作技巧

第一，制定明晰的绩效指标和评估体系。制定清晰的绩效指标是绩效管理的关键第一步。科技型中小企业需要确保他们的员工明白他们需要达到的目标和期望。这些指标应该与企业的战略目标紧密相关，并应该能够量化。例如，如果企业的战略目标是提高产品质量，绩效指标可以包括产品缺陷率、客户投诉率和产品交付时间。评估体系也应该与绩效指标保持一致。科技型中小企业可以考虑使用平衡计分卡或其他绩效评估工具来确保各个方面的绩效都得到了考虑。

第二，利用科技工具优化绩效数据分析。科技型中小企业可以充分利用科技工具来收集、分析和报告绩效数据。现代的绩效管理软件可以帮助企业更轻松地跟踪员工的绩效，生成报告，并识别趋势。这些工具还可以帮助企业进行更深入的数据分析，以了解绩效背后的根本原因。另一个有用的技术工具是大数据和人工智能。这些技术可以帮助企业分析大规模的数据，以识别模式和趋势，从而提供更深入的洞察。例如，使用机器学习算法可以分析员工绩效数据，以确定哪些因素对绩效产生最大的影响，从而帮助企业有针对性地

改进绩效。

第三，培养员工绩效意识和参与度。科技型中小企业应该鼓励员工积极参与绩效管理过程。这包括确保员工了解他们的绩效指标和如何达到这些指标。培养员工的绩效意识可以通过培训和沟通来实现。企业可以定期与员工讨论他们的绩效，提供反馈和指导，以帮助他们改善。另外，员工应该参与制定他们的绩效目标和计划。这可以增加员工的参与度和投入感，因为他们感到自己有控制权和责任。员工的参与也可以帮助企业更好地了解员工的需求和激励因素，从而更好地满足他们的期望。

第四，持续学习与改进的绩效管理方法。绩效管理是一个不断发展和改进的过程。科技型中小企业应该鼓励持续学习和改进，以确保他们的绩效管理方法跟上市场和技术的变化。这可以通过定期审查和调整绩效指标和评估体系来实现。此外，企业可以从其他企业和行业的最佳实践中学习。与同行企业分享经验和教训，参与行业研讨会和会议，以获取有关绩效管理的新想法和方法。持续学习和改进可以帮助科技型中小企业保持竞争力，并不断提高他们的绩效管理水平。

二、科技型中小企业绩效管理的系统设计

（一）明确企业环境

1. 企业内部环境

企业内部环境是指组织内部的物质、文化环境的总和，包括组织资源、组织能力、组织文化等因素，也称"组织内部条件"。它是组织内部的一种共享价值体系，包括组织的指导思想、经营理念和工作作风。科技型中小企业的内部环境指的是企业内部的各种因素和条件，包括组织结构、文化、资源、管理体系、员工和技术等，这些因素在一定程度上影响着企业的运营和决策。

（1）组成要素

第一，组织家精神。组织家精神是中小科技型企业的核心驱动力之一，包括企业家的愿景、决心和创新能力。企业家通常是企业的创始人，他们的理念和热情推动了企业的发展。这种精神也表现为企业家的领导风格和价值观，它们会影响员工的行为和态度。一个积极的组织家精神有助于激励员工，培养创新文化，推动企业的成功。

第二，组织物质基础。其中包括资金、设备、技术和其他资源，这些资源对于支持企业的日常运营和发展至关重要。科技型中小企业通常需要投资大量资金来研发新技术或购买高端设备。此外，有了适当的物质基础，企业可以更好地满足客户需求，提高生产效

率，增强竞争力。

第三，组织结构。一个清晰而高效的组织结构有助于明确各个部门的职责和权责，减少决策层次，提高决策效率。在科技型企业中，组织结构通常需要灵活，以适应快速变化的市场和技术趋势。此外，有效的组织结构还有助于员工之间的协作和信息流畅通，从而推动创新和项目的成功。

第四，组织文化。组织文化包括共享的价值观、行为规范和工作氛围。它对于员工的招聘和保留、员工满意度和企业声誉都具有深远的影响。在科技型企业中，鼓励创新、学习和团队协作的文化通常是成功的关键。有了积极的组织文化，员工更有动力投身到工作中，实现企业的使命和目标。

（2）科技型中小企业内部环境分析内容

第一，财务资源分析。财务资源是中小企业的生存和发展的重要支持。中小企业需要仔细审视其财务状况，以确保资源的有效管理和合理利用。首先，资本结构。企业应评估其资本结构，包括股权和债务比例。这有助于确定财务稳定性和融资能力。其次，现金流。分析现金流量表，以确保企业能够满足短期和长期的财务需求。必须注意现金流波动和风险。再次，成本管理。了解成本结构，优化生产和运营过程，以提高利润率。控制成本是中小企业的核心任务之一。从次，投资策略。评估资本预算和投资决策，确保选择符合企业长期战略的项目。最后，税务筹划。合法的税务筹划可以减轻负担，提高企业竞争力。

第二，市场营销资源分析。市场营销资源是中小企业实现增长和市场份额的关键。首先，目标市场分析。确定目标市场，包括受众特征和需求。了解竞争对手和市场趋势。其次，品牌定位。评估品牌形象和市场定位。确保品牌与目标市场的期望相符。再次，市场营销策略。制定市场营销策略，包括价格、产品、促销和分销策略。确保策略与企业目标一致。从次，销售渠道。审视销售渠道，包括线上和线下。优化渠道以扩展市场覆盖。最后，客户关系管理。建立有效的客户关系管理系统，维护和发展客户关系，提高客户忠诚度。

第三，生产资源分析。生产资源是企业提供产品和服务的核心。首先，生产流程。评估生产流程，寻找改进的机会，以提高效率和降低成本。其次，质量控制。确保产品和服务的质量，以满足客户期望。实施质量控制标准和程序。再次，供应链管理。优化供应链，减少库存和交付时间，降低风险。从次，技术设备。审视生产设备和技术，确保其处于良好状态，满足生产需求。最后，环保和可持续性。考虑环保和可持续性因素，以满足市场对可持续经营的需求。

第四，人力资源分析。人力资源是中小企业的核心资产。以下是一些人力资源分析的要点。首先，人才招聘与留聘。招聘和留聘具有关键性。确保吸引和保留高素质员工，培养领导力。其次，培训和发展。提供员工培训和发展计划，以提高技能和知识，满足业务需求。再次，绩效评估。建立有效的绩效评估系统，以奖励卓越表现和提供反馈。从次，团队合作。促进团队合作和沟通，提高员工满意度和工作效率。最后，劳动力法规。遵守劳动法规和法规，以降低法律风险。

第五，组织资源分析。组织资源分析有助于确保中小企业的组织结构和流程能够支持战略目标。首先，结构和文化。审视组织结构和企业文化，以确保它们与战略一致。其次，沟通和决策。优化沟通渠道和决策流程，以提高效率和响应速度。再次，创新和变革。鼓励创新和变革，以适应市场变化和竞争压力。从次，风险管理。识别和管理组织风险，确保业务的可持续性。最后，绩效评估。审视组织绩效，追踪关键绩效指标，以持续改进。

（3）科技型中小企业内部环境分析工具。科技型中小企业内部环境分析的方法多种多样，包括组织资源竞争价值分析、比较分析、组织经营力分析、组织经营条件分析、组织内部管理分析、组织内部要素确认、组织能力分析、组织潜力挖掘、组织素质分析、组织业绩分析、组织资源分析、组织价格成本分析、组织竞争地位分析、组织面临战略问题分析、组织战略运行效果分析、核心竞争力分析、获得成本优势的途径及利益相关者分析、内部要素矩阵及柔性分析、SWOT分析、价值链构造与分析、组织活力分析以及组织内外综合分析等。

一般说来，以上各种各样的分析方法可归纳成两大类，即纵向分析和横向比较分析。纵向分析是指分析组织的各方面职能的历史演化，从而发现组织的哪些方面得到了加强和发展，在哪些方面有所削弱。根据纵向分析的结果，可以在历史分析的基础上对组织各方面的发展趋势作出预测。

横向比较分析是指将组织的情况与行业平均水平进行横向比较。通过横向比较分析，组织能够发现自身的优势和劣势。这种分析对组织的经营来说更具有实际意义。对某一特定的组织来说，可比较的行业平均指标有资金利税率、销售利税率、流动资金周转率、劳动生产率等。

2. 企业外部环境

（1）宏观环境分析。科技型中小企业外部环境的宏观环境因素有五类，即政治和法律环境、经济环境、社会文化环境、自然环境以及技术环境。

第一，政治和法律环境。在科技型中小企业的运营中发挥着重要作用。政府政策和法规对企业的合规性和可持续性产生直接影响。政府的政策支持可以促进创新和科技型企业的成长，而不利政策可能导致困难和挫折。政府政策也可以影响国际贸易，对科技型中小企业的市场扩展和竞争产生深远影响。

第二，经济环境。经济环境对科技型中小企业的发展至关重要。宏观经济因素如通货膨胀率、失业率和货币政策都会影响企业的运营。经济周期的波动可能导致销售和利润的波动，而市场需求的不稳定也会影响产品和服务的销售。因此，科技型企业需要密切关注宏观经济因素，以调整战略和运营计划。

第三，社会文化环境。社会文化环境对企业的定位和市场定位产生深远影响。不同地区和文化对产品和服务的需求和接受程度可能有很大差异。因此，企业需要根据目标市场的社会文化背景来定制营销策略和产品设计。此外，社会趋势和价值观的变化也可能影响消费者的购买决策，因此企业需要密切关注这些变化。

第四，自然环境因素。自然环境因素在科技型中小企业中也具有重要意义。气候变化、资源稀缺性和环境可持续性问题都可能对企业的供应链和可持续性产生影响。企业需要考虑减少对环境的负面影响，采取可持续的经营模式，以适应未来的自然环境挑战。

第五，技术环境。技术环境是科技型中小企业的核心。技术的快速发展和创新对企业的竞争优势至关重要。企业需要不断关注最新技术趋势，投资于研发和创新，以保持竞争力。技术环境也包括知识产权法律和专利政策，这对企业的研发活动和市场竞争具有重要影响。

（2）微观环境分析。科技型中小企业外部环境的微观环境主要包括产品生命周期、产业竞争力、产业内的战略群体、成功关键因素等是微观环境分析的重要内容。同时，市场需求与竞争的经济学分析能够深化对微观环境的理解与认识。

第一，产品生命周期是微观环境分析中的一个重要因素。了解产品生命周期有助于企业制定产品开发、市场推广和库存管理策略。产品从引入市场、成长、成熟到衰退，各个阶段都需要不同的管理方法。科技型中小企业需要迅速适应市场的需求变化，推出新产品并淘汰过时产品，以维持竞争力。

第二，产业竞争力是微观环境分析中的关键要素。了解竞争格局、竞争对手和市场份额分配对企业决策至关重要。产业内的竞争可能是激烈的，企业需要制定差异化战略，寻找市场的蓝海，同时提高产品和服务质量以吸引更多客户。分析竞争力还有助于确定价格战略、市场定位和广告宣传。

第三，产业内的战略群体也是微观环境分析的一部分。这些战略群体包括供应商、合作伙伴、竞争对手和顾客。供应商的可靠性和成本效益对企业的生产和供应链管理至关重要。合作伙伴关系可以帮助企业扩大市场份额和创新能力。与竞争对手之间的竞争和合作关系也需要精心管理。最重要的是，顾客是企业的生命线，了解他们的需求和反馈可以帮助企业提供更好的产品和服务。

第四，成功关键因素。成功关键因素是微观环境分析的核心，是在特定行业或市场中影响企业成功的关键要素。科技型中小企业需要明确这些因素，以便将资源和精力集中在最重要的领域上。

（二）绩效管理系统的设计

1. 绩效管理系统设计的总体思路

绩效管理系统的设计强调系统和过程的设计。绩效管理系统的设计既是在组织经营战略和目标的指导下进行的，又是在一定的组织制度和模式的基础上进行的。同时，绩效管理系统本身也是组织制度和模式的一部分。明确组织经营战略与目标既是设计绩效管理系统的基本前提，又是绩效管理的中心目标。分析、识别组织文化、价值观、利益相关者的构成、管理制度和政策等是设计绩效管理系统的前提工作，也就是说要在一定的组织背景下设计绩效管理系统。绩效管理系统由一系列的事件和实践活动构成，即由绩效管理过程、内容、行为和方法等构成。

2. 绩效管理系统设计的步骤

（1）明确关键作用者。设计绩效管理系统是一项复杂任务。高层管理者、人力资源管理专业人员、一般管理者和员工是绩效管理系统中的关键人员。他们在绩效管理系统中分别起着不同的作用。

第一，高层管理者是组织管理的决策者。在设计绩效管理系统时，他们更多的是从决策和总体层面调控绩效管理系统，规范绩效管理的基本标准和过程。

第二，人力资源管理专业人员为绩效管理系统的具体组织者和设计者，开发和设计绩效管理的具体程序和方法，为管理人员和员工提供绩效管理方面的咨询、指导和支持，组织和督促绩效管理活动的有序、有效进行，并进行总结和提高。

第三，一般管理者通常指直线管理者，在绩效管理中担任考评者的角色，评估员工的绩效结果。另外，直线管理者一般具有基本发言权。因此，设计绩效管理系统时，直线管理者的作用不可忽视。

第四，员工，传统上被认为是绩效评估中的被考评者。在绩效管理中，员工既是被考评者，又是考评者。绩效管理强调未来导向，它不仅要了解员工过去工作做得怎样，更重要的是通过绩效考评，促使员工以后工作做得更好。因此，绩效评估活动可以让员工进行自我评估和自我反思，不论是正式还是非正式的，都会对员工工作起到不同程度的促进作用。在设计绩效管理系统时，让考评对象参与进来，让考评对象知道为什么要评估员工绩效以及如何评估等，并听取考评对象的意见，将有利于推进绩效管理的实施。

（2）建立绩效管理系统目标。在较充分的组织背景分析和评价的基础上，组织应建立起适合实际需要和具体环境的绩效管理系统。为此，需要明确提出绩效管理系统的目标。不同组织、组织的不同发展阶段、不同的经营战略目标都可能具有不同的绩效管理系统的目标。事实上，一个绩效管理系统可以服务于一个或多个目标，如改进员工绩效等。

研究绩效管理系统目标有必要先回顾对绩效评估目标的研究。从概念发展上看，绩效管理理论是绩效评估理论的发展。在以往的文献中，有很多是对绩效评估的研究。

绩效评估的目的主要包括薪酬管理、员工晋升、调动和辞退的决策制定、员工的培训计划、奖惩的有效实施、帮助和促进员工成长与发展、改进管理者与员工之间的工作关系等。绩效管理为绩效评估的延伸和发展，相应地，绩效管理系统目标的内涵也得到了发展。一般而言，绩效管理系统目标主要包括三个方面，即战略性目标、行政管理性目标和开发性目标。

第一，战略性目标：指将员工的绩效目标与组织目标紧密相连，将员工绩效管理的实践活动与组织经营战略相结合。这一目标也是绩效管理区别于绩效评估的一个重要方面。

第二，行政管理性目标：主要指绩效管理服务于与绩效相关的薪酬管理、晋升、调动、辞退、解雇、奖惩等人事管理决策的制定。这些方面与绩效评估的有关目标相似。

第三，开发性目标：开发性目标服务于员工培训、员工职业发展咨询、员工绩效改进等，强调绩效管理的未来导向和开发功能。开发性目标作为绩效管理目标，是对绩效评估中的相关目标的强化。

（3）设计绩效管理系统流程。绩效管理系统设计必须依据组织战略与目标、绩效管理目标展开，绩效规划、绩效促进、绩效评估是其中三个主要部分。在一个绩效管理周期即将结束，另一个绩效管理周期即将开始之前，需要对照组织战略和目标，对绩效管理目标、绩效促进、绩效评估等相关内容进行更新，并与员工讨论，然后取得新的共识。

（4）绩效管理系统的试点实施与评估。绩效管理系统设计好以后，通常不立即作为政策或制度在组织内正式实施，而是进行试点性实施。组织可以选择某个或几个部门试点，也可以选择在整个组织层面试点。最后，在试点的基础上评估和总结试点效果。

（5）评估绩效管理系统。在绩效管理系统试点及对试点评估的基础上，对照绩效管理系统目标和绩效管理系统设计内容进行总体评估。

第一，讨论绩效管理系统的有效性时应结合绩效管理的内涵，它不应该被错误地认为是绩效考核或者是一年一次的形式化填表工作。

第二，明确绩效管理是一个系统的体系，从程序上可主要划分为绩效计划、绩效促进、绩效评估三个循环阶段。因此，评价绩效管理系统也应侧重评价绩效计划、绩效促进、绩效评估。

总之，绩效管理系统的设计是一项严谨和复杂的任务。绩效管理系统设计得是否科学，直接关系到绩效管理的实践效果，从而最终影响组织战略目标能否有效实现。

第四节　绩效管理的体系优化

"随着社会的发展，企业间的竞争变得更加激烈，绩效管理体系符合市场经济发展，能够推动企业建设，增强企业综合实力，激发员工工作积极性，企业需进一步加强对其的重视，积极建立健全绩效管理体系，实施行之有效的措施对其进行优化，以便更好推动企业的发展。"① 科技型中小企业绩效管理体系是一个关键的组织框架，旨在帮助企业实现战略目标、监督和评估员工绩效，并确保资源得到有效利用。科技型中小企业绩效管理体系的优化对于企业的可持续增长和成功至关重要。它有助于提高效率、创造价值，同时也可以增强组织的灵活性和适应性，以适应快速变化的市场环境。

一、科技型中小企业的绩效管理体系设计的思路

科技型中小企业的绩效管理系统升级完善的核心思路是基于成熟的绩效管理框架模型，综合运用目标管理法、关键绩效指标等考察的方法，查漏补缺，继续发挥现有绩效体系作用的同时，针对缺失的地方进行补强。

第一步：科技型中小企业基于目标管理法以及关键绩效指标考察方法，首先制定了企业的战略目标，再分解为部门的工作目标，围绕部门目标和关键工作岗位的特点，确定了个人的 KPI 指标，从而形成年度、季度和月度的考核计划。

第二步：由人力资源部门牵头，组成绩效管理委员会，在各个事业部和各个分支团队实施绩效考核计划。

第三步：按月度、季度、年度跟踪绩效目标达成情况，并对绩效考评结果加以应用，与个人薪酬、个人奖金、团队奖金、个人的职业晋升/调岗/培训等形成强关联，再建立一个持续更新的人才库，便于企业在市场竞争中可以随时选拔优秀人才。

---

① 李艳华 . 企业绩效管理体系的构建之策［J］. 人力资源，2021（8）：98-99.

第四步：在绩效结果出来时，主动和被考核人员进行沟通，对表现优秀者进行鼓励，对表现欠佳者进行勉励并支持其找到落后的原因，并给予指导和支持。同时，基于 PDCA 循环理论，保证这四个步骤是一个持续改进升级的整体，互为补充，形成良性的循环。制定相应的保障措施，以确保绩效管理体系的整体运行良好。

二、科技型中小企业绩效管理体系设计的原则

（一）组织战略目标导向原则

为了保持和提高这些企业的绩效，建立科技型中小企业绩效管理体系是至关重要的，而这一体系的设计应该紧密遵循组织战略目标导向原则。

第一，科技型中小企业应该明确其组织战略目标。这包括明确企业的长期愿景、使命和价值观，以及具体的战略目标。在明确定义这些目标的基础上，企业可以制定相应的绩效管理体系，以确保这些目标得以实现。

第二，绩效管理体系的设计应该与企业的战略目标保持一致。这意味着绩效管理体系的各个方面，包括绩效评估标准、绩效指标和绩效考核方法，都应该与企业的战略目标相匹配。例如，如果企业的战略目标是提高创新能力，那么绩效管理体系应该包括与创新相关的指标，如专利申请数量、新产品开发速度和研发投入等。这种一致性有助于确保绩效管理体系不仅是一种工具，还可以有效地支持战略的实施。

第三，绩效管理体系的灵活性。科技型中小企业通常处于不断变化的环境中，因此绩效管理体系需要能够适应这种变化。绩效管理体系设计应该具有一定的灵活性，允许根据外部环境的变化进行调整和改进。这包括及时修改绩效指标，以适应新的市场趋势和竞争挑战。

第四，绩效管理体系应该具有透明性和可度量性。透明性意味着员工应该清楚地了解绩效管理体系的运作方式，包括如何评估绩效和奖励机制。可度量性是指绩效指标应该是可以量化的，以便能够准确地衡量员工的绩效。透明性和可度量性有助于员工理解他们的绩效将如何影响组织的战略目标，从而提高员工的参与度和动力。

第五，绩效管理体系应该是持续的。它不应该仅仅是一年一度的例行程序，而应该是一个持续改进的过程。定期的绩效评估和反馈对于确保绩效管理体系的有效性至关重要。企业应该定期审查和更新绩效指标，以确保其仍然与战略目标保持一致，并且应该提供员工机会来参与自己的绩效评估和目标设定，以促进个人和组织的发展。

在科技型中小企业中，绩效管理体系的设计是一项关键任务，它直接影响到企业的长期

成功。遵循组织战略目标导向原则可以帮助企业确保绩效管理体系与其战略目标一致，提高员工的参与度和绩效，以及适应不断变化的环境。这些原则的贯彻执行将有助于科技型中小企业实现其创新和增长的战略目标，从而为国家的科技和经济发展做出更大的贡献。

（二）成果及过程兼顾原则

为了保持竞争力和实现长期可持续发展，这些企业必须建立强有力的绩效管理体系。在绩效管理体系的设计中，必须兼顾成果导向和过程导向的原则，以确保企业能够实现其战略目标。

第一，成果导向的原则涉及确保绩效管理体系的主要焦点是企业的最终目标和结果。这意味着绩效管理体系的设计应该着重于量化和衡量企业的战略目标。例如，如果一个科技型中小企业的战略目标是提高产品质量，那么绩效管理体系应该包括相关的绩效指标，如产品缺陷率、客户投诉率和质量改进计划的执行情况。通过关注这些关键指标，企业可以追踪其在战略目标方面的进展，并采取必要的措施来改进绩效。

第二，过程导向的原则强调绩效管理体系的设计应该关注实施策略和实现目标的过程。这包括确保企业有适当的流程和方法来支持战略的执行。例如，如果企业的战略目标是提高创新能力，那么绩效管理体系应该包括与创新过程相关的指标，如新项目的启动时间、研发团队的效率和知识管理的实施。这些过程导向的指标可以帮助企业了解战略实施中的瓶颈和机会，从而采取适当的行动来改善。

第三，在实践中，成果导向和过程导向的原则通常是相辅相成的。成果导向的指标提供了关于企业绩效的最终结果的信息，而过程导向的指标则提供了实现这些结果所需的路径和方法。这两种类型的指标都是必不可少的，以确保企业在战略目标的实现过程中既能够追踪最终结果，又能够识别并解决可能出现的问题。

第四，持续改进。绩效管理体系的设计应该是一个不断演进的过程。企业应该定期审查和更新绩效指标，以确保其仍然与战略目标保持一致。此外，绩效管理体系应该提供机会，以允许员工参与绩效管理的改进，从而促进组织的学习和发展。持续改进的原则有助于确保绩效管理体系保持有效，并适应变化的外部环境。

（三）员工特点原则

第一，员工的技术素养和创新能力是科技型中小企业的核心。因此，绩效管理体系应该反映员工的技术能力和创新成就。这可以通过设定与技术和创新相关的绩效指标来实现，如专利申请数量、新产品研发速度和技术解决方案的创造。这些指标不仅有助于评估员工的绩效，还可以激发员工的创新动力，促使他们积极参与技术发展和创新活动。

第二，由于科技型中小企业通常是小规模的组织，员工往往需要具备多领域的技能。因此，绩效管理体系应该鼓励员工的综合发展和多领域的能力。这可以通过设定跨职能的绩效指标来实现，鼓励员工参与多个项目和任务，提高他们的技能多样性。这种综合发展不仅有助于员工在不同领域发挥作用，也有助于提高企业的灵活性和创新能力。

第三，员工的参与和反馈。在科技型中小企业中，员工往往是创新和技术发展的关键参与者。因此，绩效管理体系应该提供机会，鼓励员工参与绩效目标的设定和评估过程。员工的意见和反馈应该被认真考虑，以确保绩效管理体系的公平性和透明性。员工的参与可以增强他们对组织目标的投入感，从而提高绩效。

第四，灵活性也是考虑员工特点的重要原则。科技型中小企业的员工通常需要适应快速变化的市场和技术环境。因此，绩效管理体系应该具有一定的灵活性，以适应变化和调整绩效目标。这可以通过定期审查和更新绩效指标来实现，以确保它们与变化的需求相一致。

第五，绩效管理体系应该强调员工的个人和职业发展。员工的职业发展路径和晋升机会应该清晰明确，以鼓励员工不断提升自己的技能和知识。这可以通过设立培训和发展计划、提供导师制度和激励员工参与学习和发展活动来实现。

总之，科技型中小企业绩效管理体系的设计应该充分考虑员工特点。技术能力、创新潜力、跨领域技能、参与度、反馈机制、灵活性和个人发展机会都应该纳入绩效管理体系的考虑之中。这些原则将有助于激发员工的潜力，增强他们对组织的忠诚度，提高绩效管理体系的效力，从而促进科技型中小企业的创新和成功。

三、科技型中小企业的绩效管理体系优化策略

(一) 制定战略绩效目标

第一，组织战略目标分解。在优化绩效管理体系时，首要任务是明确定义企业的战略绩效目标。这些目标应该明确、具体、可量化，并与企业的使命和愿景相一致。为了确保战略绩效目标的成功实现，科技型中小企业可以采用目标分解的方法。这意味着将高层战略目标逐级分解成具体的绩效目标，以确保每个部门和员工都明白他们的任务和职责。

第二，组织架构调整。一旦战略绩效目标明确，科技型中小企业需要审视其组织架构，以确保其能够支持这些目标的实现。有时候，组织架构可能需要调整，以便更好地适应新的目标和需求。这可能包括重新分配职能、合并或拆分部门，或者引入新的职位。通过精心设计的组织架构，企业可以确保各个部门之间的协作和协调，从而更好地实现战略绩效目标。

第三，岗位说明书。岗位说明书是绩效管理的关键工具，它定义了每个员工的角色、职责和预期的绩效标准。在优化绩效管理体系时，科技型中小企业应该重新审视和更新其岗位说明书，以确保它们与新的战略绩效目标相一致。这有助于员工明确了解他们的职责，以及如何为企业的成功做出贡献。岗位说明书还可以用作招聘和培训的基础，以确保企业拥有适当的员工来支持其目标。岗位说明书也有助于绩效评估。通过明确定义每个岗位的绩效标准，企业可以更容易地评估员工的工作表现，并提供有针对性的反馈。这有助于激励员工，并为绩效管理提供更多的透明度。

总之，科技型中小企业的绩效管理体系优化是一个复杂的过程，是确保企业保持竞争力和成功的关键步骤。制定战略绩效目标、组织战略目标分解、组织架构调整和岗位说明书的制定，都是实现这一目标的关键元素。通过精心规划和执行这些步骤，科技型中小企业可以更好地应对竞争，实现长期成功。

（二）设计职责相关的绩效指标

第一，理解职责和目标。为了设计与职责相关的绩效指标，必须明确员工的职责和工作目标。这包括定义工作职能、任务和预期成果。职责与目标的明确定义是确保绩效指标与员工的实际工作内容相符的关键一步。

第二，量化绩效标准。绩效指标应该是可量化的。这意味着它们应该能够用具体的数字或指标来衡量。例如，如果一个员工的职责是负责销售，那么他的绩效指标可以包括销售额、销售数量、客户满意度等可量化的指标。这种量化有助于员工明确了解他们的表现水平，以及在哪些方面需要改进。

第三，关联绩效指标与战略目标。绩效指标应与组织的战略目标相关联。这意味着绩效指标应该有助于实现企业的长期目标。如果企业的战略目标包括增加市场份额，那么与销售相关的绩效指标就应该与这一目标相关，以确保员工的工作与企业战略保持一致。

第四，设定明确的目标。绩效指标应该包括明确的目标或期望结果。员工需要知道他们应该追求的具体目标是什么。这有助于激励员工为实现这些目标而努力工作。例如，一个软件开发团队的绩效指标可以包括在一个季度内交付一个新产品版本，这是一个明确的目标，可以用来评估绩效。

第五，考虑员工的反馈和发展。绩效指标不仅应该关注当前绩效，还应该考虑员工的反馈和职业发展。这可以包括员工的培训需求、技能提升等方面。通过考虑员工的发展，企业可以更好地满足员工的需求，从而提高员工满意度和绩效。

第六，定期评估和反馈。绩效指标的设计需要与定期的评估和反馈机制相结合。员工和管理层应该定期审查绩效指标，讨论员工的表现，并提供反馈。这有助于员工不断改进他们的绩效，确保他们在正确的轨道上。

第七，灵活性与调整。绩效指标应该具有一定的灵活性，以应对变化的市场条件和战略方向。中小企业通常需要在快速变化的环境中运营，因此绩效指标应该能够适应这种变化。需要时，可以进行调整，以确保其仍然与企业的战略一致。

第八，技术支持和数据分析。利用现代技术和数据分析工具，可以更好地跟踪和评估绩效指标。这些工具可以提供实时数据和可视化，帮助管理层更好地了解员工的绩效情况，并及时采取措施。

综上所述，设计与职责相关的绩效指标对于科技型中小企业的绩效管理至关重要。这些指标应与职责和战略目标相关联，是激励员工、提高绩效和实现长期成功的关键工具。通过明确目标、提供反馈、灵活调整和采用现代技术工具，科技型中小企业可以更好地管理绩效，应对市场挑战，并实现可持续增长。

（三）强调公平和公正

第一，公平与公正的重要性。公平和公正是建立积极的工作环境和维护员工士气的关键因素。当员工相信他们受到公平对待，他们更有动力全身心投入工作，为企业的成功做出贡献。相反，如果绩效管理系统被视为不公平或不公正，员工可能会感到沮丧和不满，这可能导致绩效下降、员工离职率增加，以及工作环境不和谐。

第二，制定清晰的绩效标准。为了确保公平和公正，科技型中小企业应制定清晰、可衡量的绩效标准。这些标准应该与员工的职责和职位相关，并且应该在员工知情的情况下明确沟通。绩效标准应该是客观的，不受主观因素的干扰。这有助于员工了解他们被评估的标准，从而减少不确定性和误解。

第三，定期反馈和沟通。绩效管理不仅仅是一年一度的绩效评估，而是一年四季的持续过程。定期的反馈和沟通是确保公平和公正的关键。管理层和员工之间的开放对话有助于消除误解，澄清期望，以及纠正问题。员工应该有机会提出疑虑或问题，并得到适当的回应。这种双向的沟通有助于建立信任，确保员工感到受到尊重。

第四，培训和发展机会。公平和公正还涉及员工的发展机会。中小企业应该提供培训和发展计划，以帮助员工提升技能和职业发展。这可以包括提供培训课程、参与项目或任务，以及为员工提供晋升机会。确保每个员工都有平等的机会来提高自己的技能和晋升，有助于维护公平和公正的工作环境。

第五，透明的绩效评估过程。绩效评估过程应该是透明的，员工应该清楚了解如何评估他们的绩效。这包括评估标准、评估时间表，以及评估过程中的角色和职责。透明性有助于员工明确知道他们的表现如何影响他们的职业发展和奖励。

第六，纠正不公平现象。如果在绩效管理中发现不公平或不公正的情况，管理层应该采取积极措施来解决问题。这可能包括重新评估绩效评估，纠正错误或不公平的决策，或者改进绩效管理体系以防止未来的不公平现象。

第七，多元化和包容性文化。多元化和包容性文化也是公平和公正的关键组成部分。中小企业应该鼓励多样性，并确保所有员工都受到平等对待，不受歧视。这有助于建立一个公平和公正的工作环境，吸引和保留多样化的人才。

第八，员工参与。公平和公正的绩效管理需要员工参与。员工应该有机会参与制定绩效标准和目标的过程，以确保这些标准符合实际工作情况。员工的反馈和意见应该受到尊重，并在绩效管理体系的改进中得到考虑。

总之，公平和公正是科技型中小企业绩效管理体系中的基石。通过制定明确的绩效标准、定期反馈、培训和发展机会，透明的评估过程，以及多元化和包容性文化，企业可以建立一个激励员工并实现成功的绩效管理体系。这将有助于吸引和留住优秀的人才，并为企业的长期增长和繁荣打下坚实的基础。

（四）建立绩效跟踪和反馈

第一，组织战略目标分解。为了建立有效的绩效跟踪和反馈系统，企业应该清晰地定义和分解组织的战略目标。这些战略目标应该与企业的愿景和使命相一致，以便员工明确了解他们的工作如何与企业的长期目标相关联。战略目标的明确定义是建立有效绩效指标和跟踪机制的基础。

第二，组织架构调整。组织架构应该与战略目标一致，以确保各个部门和员工都明确了解他们的角色和职责。通过组织架构的优化，可以确保不会出现职责模糊或者重复工作的情况，从而有助于绩效的有效跟踪和反馈。

第三，岗位说明书。岗位说明书是定义员工职责和预期绩效的重要工具。每个员工的岗位说明书应该明确规定他们的任务、职责以及绩效标准。这有助于员工明确了解他们的工作如何与企业的战略目标相关联，从而使绩效跟踪更加明确和有针对性。

第四，日常运营会议。为了建立有效的绩效跟踪和反馈系统，科技型中小企业可以定期举行日常运营汇报会。这些会议可以用于跟踪员工的日常工作进展，讨论项目的状态和挑战，以及解决问题。这些会议不仅有助于管理层了解员工的工作，还提供了一个机会，员工可以汇报他们的工作并获得反馈。

第五，周总结会。每周总结会可以用于对整个团队或部门的绩效进行审查。在这些会议上，员工可以分享他们的成就、遇到的问题和改进的建议。管理层可以提供指导和反馈，以帮助员工更好地实现目标。这些会议可以建立团队协作和提高绩效的透明度。

第六，人力资源交流会。人力资源交流会可以用于讨论员工的职业发展和绩效评估。在这些会议上，员工和管理层可以共同探讨员工的职业目标和发展计划。这有助于确保员工得到适当的支持和发展机会，同时也有助于对绩效进行评估和反馈。

第七，上下级交流会。上下级交流会是员工与管理层之间开放对话的机会。员工可以提出问题、提供反馈，而管理层可以提供指导和支持。这种双向沟通有助于建立信任，促进员工的参与感，并确保绩效跟踪和反馈系统的有效运作。

通过组织战略目标的分解、组织架构的调整、岗位说明书的制定，以及不同层次的会议和交流机制，科技型中小企业可以建立强大的绩效跟踪和反馈系统。这将有助于员工明确了解他们的工作如何与企业的战略目标相关联，提供了一个机会，员工可以分享他们的进展和问题，同时也为管理层提供了机会提供指导和支持。这将有助于提高绩效、激励员工，并确保企业的长期成功。

（五）创建信息系统绩效档案

第一，绩效评估表的收集。首要任务是由行政专员负责收集全体职员的绩效评估表。这些表格是员工绩效评估的重要依据，记录了他们的工作成果、表现、目标达成情况等。在这一阶段，行政专员需要确保每位员工都按时提交其绩效评估表，以确保绩效数据的完整性。

第二，资料鉴别和筛选。绩效评估表提交后，档案管理员将负责对这些表格的内容进行鉴别和筛选。这一步骤的目的是筛选出符合一定标准的资料，以便纳入绩效档案库。这些标准可能包括表格的完整性、准确性以及与绩效管理标准的一致性。

第三，档案整理与分类。接下来，整理绩效评估表，并按一定的分类标准进行整理。这些分类标准可以包括员工的入职时间、学历层次、技能特点、资格证书、核心工作贡献等。这有助于将员工的绩效数据有序地组织起来，以便日后的查询和分析。

第四，系统录入和档案库创建。将整理好的绩效评估表数据录入信息系统，创建绩效档案库。这个信息系统可以是专门为绩效管理和档案管理设计的软件，也可以是自定义的数据库系统。录入数据时，需要确保数据的准确性和完整性，以保证未来的绩效查询和分析的可行性。

第五，档案选拔人才。绩效档案库的创建不仅是为了记录员工的绩效数据，还是为了支持招聘和选拔人才。在这一步骤中，企业可以利用已经建立的绩效数据来识别和选拔具有潜力的人才。例如,通过查找具有出色绩效记录的员工,企业可以识别适合晋升或重要项目的候选人。这也有助于确保选拔决策基于客观的绩效数据,而不是主观判断。

第六,绩效档案的维护。一旦绩效档案库建立起来,它需要定期管理和维护。这包括更新员工的绩效数据,记录培训和发展计划,以及确保数据的安全性和机密性。管理团队和人力资源部门应该共同合作,以确保绩效档案的有效管理。

绩效档案的创建和管理是科技型中小企业绩效管理的关键组成部分。它有助于企业更好地了解员工的表现,支持人才选拔决策,以及提供了一个有力的工具来改进员工的绩效。通过明智地建立和维护绩效档案,企业可以更好地实现其战略目标,提高绩效和竞争力。这有助于中小企业不仅能有效地管理员工绩效,还能够更好地吸引和留住优秀的人才。

四、科技型中小企业绩效管理体系的实施保障

(一)组织和制度的保障

为了确保绩效管理体系的顺利实施,科技型中小企业需要建立一套强有力的组织和制度保障机制。

第一,建立绩效管理委员会。为了推动绩效管理体系的顺利实施,科技型中小企业可以建立绩效管理委员会。该委员会应该由企业高层管理人员和部门经理组成,以确保绩效管理体系与企业的战略目标保持一致。绩效管理委员会的主要职责包括制定绩效管理政策、监督绩效评估流程、定期审查和更新绩效管理制度,以及提供员工培训和支持。通过建立这样的委员会,企业可以确保绩效管理不仅是一个管理工具,而且与战略规划密切相关。

第二,由人力资源部进行绩效管理辅助制度的建立和培训。在绩效管理体系的实施中,人力资源部门扮演着关键角色。该部门应负责建立绩效管理的辅助制度,以确保绩效评估过程的顺利进行。这些辅助制度包括绩效评估表的设计、评估标准的制定、绩效面谈的安排等。此外,人力资源部门还应为员工提供培训,以帮助他们了解绩效管理体系的运作方式,以及如何制定明确的绩效目标和提高工作表现。

第三,培训不仅可以提高员工的绩效,还可以帮助他们理解绩效管理的重要性,激发积极性。人力资源部门可以定期组织培训课程,提供绩效管理工具和资源,并协助员工制订个人发展计划。通过这种方式,企业可以提高员工的参与度和绩效水平,从而实现更好的绩效管理。

第四,绩效评估流程的规范化。绩效评估流程的规范化对于确保公平和一致的绩效评估至关重要。企业应该确保评估标准清晰明确,评估过程透明公正,并有明确的评估周

期。评估标准应与员工的工作任务和企业的目标相匹配，以确保评估的准确性和公平性。另外，绩效评估应该是一个定期的过程，而不是偶尔的事件。通过建立明确的评估周期，企业可以帮助员工明白他们的表现会被定期审查，这将激发员工的积极性和自我改进的动力。同时，定期的绩效评估也有助于发现和解决问题，提高绩效管理的效果。

总之，科技型中小企业绩效管理体系的成功实施需要有组织和制度保障。建立绩效管理委员会，由人力资源部门负责绩效管理辅助制度的建立和培训，以及绩效评估流程的规范化，将有助于确保绩效管理体系的有效运作。通过这些措施，科技型中小企业可以提高绩效，增强竞争力，实现可持续的发展。

（二）企业文化的保障

第一，培育创新文化。创新文化是科技型中小企业成功的关键因素之一。为了在市场中脱颖而出，企业必须鼓励员工提出新创意和新解决方案，以不断改进业务流程和产品或服务。绩效管理体系的实施应该与创新文化相结合，以确保员工的创造力和激情能够得到充分发挥。

第二，在培育创新文化方面，企业可以采取一些措施。首先，企业领导层应该树立榜样，积极支持并鼓励员工的创新精神。其次，可以设立奖励机制，奖励那些提出创新点子并付诸实践的员工。最后，企业可以建立创新团队，为员工提供创新培训和资源，以帮助他们不断改进和创新。

第三，强化价值观念的传承。企业文化是通过价值观念的传承而建立起来的。这些价值观念包括企业的使命、愿景和核心价值，它们指导员工的行为和决策。在绩效管理体系的实施中，强化这些价值观念的传承至关重要，因为它们可以帮助员工理解绩效管理的重要性，并将其融入他们的工作中。

第四，企业可以通过多种途径来强化价值观念的传承。首先，企业领导层应该积极传达并践行核心价值观念，以树立员工的榜样。其次，企业可以将核心价值观念融入绩效评估标准中，以确保员工的表现与企业的核心价值相一致。最后，企业可以定期组织内部培训和活动，以帮助员工更好地理解和内化企业的价值观念。

第五，建立员工参与文化。员工参与文化是企业文化的一个重要组成部分。当员工感到他们的声音被听到，他们的意见受到尊重时，他们更有可能积极参与绩效管理体系。建立员工参与文化可以帮助企业更好地了解员工的需求和关切，以便调整绩效管理体系以适应不断变化的情况。为了建立员工参与文化，企业可以设立员工代表机构，以代表员工的利益和意见。企业还可以举办员工参与活动，如团队建设活动和座谈会，以促进员工之间的合作和交流。

（三）管理方式的保障

第一，采用信息化的管理手段。信息化是科技型中小企业绩效管理体系的关键元素之一。信息化管理方式可以帮助企业更好地了解业务运作情况、员工绩效和市场需求。采用信息化的管理手段，企业可以更加精确地收集、分析和利用数据，以做出明智的管理决策。

第二，在信息化的管理方式中，企业可以使用各种管理软件和工具，如企业资源规划系统、客户关系管理系统和商业智能工具，以协助管理决策。这些工具可以帮助企业管理各个方面的业务，包括财务、销售、库存和人力资源。通过信息化的管理方式，企业可以更好地跟踪绩效指标，制定战略规划，优化资源分配，并做出迅速反应的决策。

第三，形成规范化的操作流程和管理方式。规范化的操作流程和管理方式是确保绩效管理体系有效实施的重要因素。通过规范化的操作流程，企业可以确保各个部门和员工都按照相同的标准和程序进行工作。这有助于提高工作效率、降低错误率，并确保绩效评估过程的一致性和公平性。

第四，为了形成规范化的操作流程和管理方式，企业可以建立详细的操作手册和流程图，明确每个部门和员工的职责和任务。此外，企业还可以使用项目管理工具，以协调和监督不同部门之间的工作。通过规范化的操作流程和管理方式，企业可以更好地控制绩效管理过程，确保其符合企业的战略目标。

第五，利用云计算和大数据进行网络推广和产品精准营销。在科技型中小企业的绩效管理中，网络推广和产品精准营销是至关重要的一部分。云计算和大数据技术为企业提供了强大的工具，以更好地理解客户需求、进行市场分析和推广产品或服务。这些技术可以帮助企业提高市场竞争力，吸引更多的客户，提高销售和盈利。

第六，云计算可以让企业轻松存储和访问大量数据，而大数据分析可以帮助企业从数据中提取有用的信息。通过分析客户行为和市场趋势，企业可以精确地定位目标客户，并设计有针对性的营销策略。此外，云计算还可以提供灵活的网络推广和在线销售渠道，使企业能够更好地满足客户需求。

第七，效能化的运营管理。效能化的运营管理对于绩效管理体系的成功实施至关重要。企业需要通过高效的资源分配和运营管理，确保绩效管理体系能够顺利运作。这包括管理人员、资金、设备和人力资源的有效使用。为了实现效能化的运营管理，企业可以采用精益生产等管理方法，以提高生产效率和质量。同时，企业还可以进行成本控制和资源优化，以确保绩效管理体系的运作不会导致过度浪费。通过高效的运营管理，企业可以降低成本，提高效率，从而实现更好的绩效管理。

第四章
科技型中小企业的创新发展

第一节　政策创新的引导策略

政策创新一直被认为是推动国家经济和社会发展的关键因素之一。在这一过程中，科技型中小企业扮演着重要的角色，因为它们通常是创新和创业的火种。政策创新对这些企业产生了广泛的影响，这对于促进技术创新、经济增长和就业机会的发展至关重要。"政府通过多元化的公共政策扶持科技型中小企业发展可以夯实科技创新的微观基础，增添经济发展动力和活力，加快实现经济和产业结构的转型升级。"[①]

一、科技型中小企业的创新过程与风险类型

（一）明确科技型中小企业创新过程

科技型中小企业科技创新过程可划分为研发阶段、成果转化阶段和市场销售三个阶段。

第一，研发阶段是从资源的初始投入中间成果产出，是企业产生新想法的阶段，创新想法可以源于某项技术发明（由技术推动），也可以源于市场需求（由市场拉动），并投入一定的创新资源开展创新研发的阶段。

第二，成果转化阶段则是将创新想法通过研究开发、试验和中间创新资源的投入生产出创新成果的阶段。

第三，市场销售阶段是创新成果投向市场，产生创新效益的阶段，在这一阶段主要是进行产业化的生产和商业推广等活动，主要投入是研发阶段的产出技术和成果转化阶段的产业化的技术引进等。

---

① 刘畅. 科技型中小企业扶持政策绩效评价研究综述 [J]. 中小企业管理与科技（上旬刊），2016（12）：53-54.

（二）科技型中小企业创新的风险类型

第一，效率风险。科技型中小企业在科技创新研发阶段，主要是通过创新资源的投入，产生创新想法和开展创新研发。资金资源、人才资源、技术资源是提高企业创新效率的关键，需要政府引导企业加大创新资源投入，提高投入要素质量，研发出高质量创新产品，提高创新效率。

第二，效果风险。科技型中小企业成果转化阶段需要有效供给和高效选择实现创新效果显著。由于关键核心技术的垄断、创新的外部性和公共产品的存在，难以实现效率、效果的最优。成果转化过程中，政府支持的重点和关注点主要集中在前期，使企业成果转化存在"重形式、轻内容"等风险。政府提供的转化平台和企业需要支持的平台存在脱钩，致使科技研发与科技成果商品化、产业化有脱节，引发创新成果转化成功率低的风险。因此，创新成果质量是创新效果提升的关键，需要政府部门发挥服务者的职能，完善科技成果转化、科技创新和协同合作平台，精准扶持，降低创新效果风险，提高创新成果转化成功率。

第三，效益风险。科技型中小企业在市场销售阶段，只有将研发产品投入市场且获得经济效益才能持续发展。由于创新产品受市场需求、顾客需求、竞争优势、被市场接受时间、产品寿命和竞争对手变化等不确定性，以及外部政策、经济和市场环境的影响。在最终产出阶段，需要政府部门发挥协调者的作用，精准提供政策服务、集聚创新资源、完善科技服务平台和信息服务平台，促进科技型中小企业创新效益提高。

二、政策创新对科技型中小企业的影响

第一，政策创新可以为科技型中小企业提供更多的支持和资源。这包括财政支持、税收减免、创新基金和技术转移计划等。这些政策措施有助于降低企业的创新成本，提高了它们在竞争激烈的市场中的竞争力。此外，政府还可以通过采取鼓励创新的政策来吸引更多的投资者和合作伙伴，从而帮助企业获得更多的资源和合作机会。

第二，政策创新还可以帮助科技型中小企业克服市场壁垒。政府可以制定政策来简化法规、减少行政障碍和改善知识产权保护，这些都有助于降低企业进入市场所面临的风险。此外，政府还可以通过采取措施来推动技术标准的制定和采用，以便更好地与全球市场接轨。这有助于扩大科技型中小企业的市场份额，并提高其国际竞争力。

第三，政策创新可以鼓励科技型中小企业与大型企业、研究机构和高校建立合作关系。政府可以通过提供研究合作资金和创新合作奖励来推动这些合作关系的形成。这有助

于中小企业获取更多的技术知识和资源，加速创新过程，提高产品和服务的质量。与大型企业和研究机构的合作还有助于中小企业进一步扩大市场份额，实现可持续增长。

第四，政策创新还可以加强科技型中小企业的人才吸引和培养。政府可以通过设立奖学金、提供培训和职业发展计划来鼓励年轻人从事科技创新领域的工作。这有助于培养更多的创新人才，满足中小企业的用工需求，促进科技创新和经济增长。

第五，政策创新还可以加强科技型中小企业的国际竞争力。政府可以通过制定出口政策和国际市场准入政策来支持企业拓展国际市场。此外，政府还可以通过谈判自由贸易协定和国际合作协议来降低贸易壁垒，帮助企业更好地进入国际市场。

三、政府引导科技型中小企业创新的必要性

政府引导是指政府通过履行其宏观管理职能，带领、动员各种社会力量完成管理社会并给出指引方向和明确目标。政府引导就是引导建立多元治理主体共同合作的治理模式，注重在合作过程中对战略方向的把控，使政府与其他主体间形成既制约又合作，既独立又相互依赖的有机统一关系。政府引导主要是通过制定政策法规、资金扶持、资格认定等一系列手段，为企业培育指引方向。对于有效创新过程中遇到各种风险和阻碍，政府可以通过各种政策工具，引导和激励科技型中小企业创新研发。政府引导行为能有效促进科技型中小企业创新，帮助解决创新难题和风险，在创新过程中扮演着重要的引导者、激励者和协调者角色。

（一）实现高质量发展

随着我国经济转型升级，给科技型中小企业的创新和发展带来压力和阻力。科技型中小企业相较于国有企业和大中型企业在市场竞争中处于弱势地位，技术水平和生产效率将直接制约着企业创新能力和创新效率。经济高质量发展要求企业也要高质量发展，实现高质量发展要以质取胜。因此，科技型中小企业要在转型升级中孕育新机，抓住发展机遇，实现有效创新，掌握核心技术，获得竞争优势，提高企业核心竞争力。要从市场需求出发，适应不断变化的市场环境，提高生产技术，降低产品成本，增加市场份额，提高创新效率，取得良好的经济和社会效益。

（二）促进企业提质增效

推动经济发展的方式转向依靠人才、知识和技术，使经济形态更高级、分工更加精细化，结构更加合理化。科技型中小企业是推动精细化发展的重要主体。其遍布各个行业和领域，创新效果和质量参差不齐。企业创新面临信息不对称、外部性等状况要求政府引导为科

技型中小企业创新提供制度保障和政策支持，帮助企业减少创新风险和阻碍，促进科技型中小企业创新向专业化、精细化和合理化转变。因此，需要政府引导企业创新时调整政府管理权限，优化政府服务和管理职能。要及时接受反馈企业诉求，为企业创新搭建技术知识和创新资源循环流转的桥梁和纽带，搭建坚实的技术创新平台，促进企业提质增效。

（三）创造高质量就业机会

第一，创造新的就业机会。科技型中小企业的创新活动通常需要各种专业技能和知识，因此它们有更多的可能性创造高技能的就业机会。这种就业机会可以吸引有才华和有潜力的人才，提高社会的就业质量。

第二，推动相关产业就业。科技型中小企业的创新会涉及供应链的不同环节，包括研发、生产、销售等，这会带动相关产业的就业需求，进而提高社会就业率。

第三，提高员工薪资水平。由于科技型中小企业需要吸引高素质员工，它们通常愿意提供竞争性的薪资和福利待遇，从而提高了员工的薪资水平，有助于提高家庭和社会的生活水平。

第四，培养创新型人才。通过支持中小企业的创新，政府有助于培养更多的创新型人才，这对于未来经济的可持续增长非常重要。

第五，减少失业率。通过鼓励科技型中小企业的创新，政府可以帮助减少失业率，减轻社会不稳定性，增强社会的经济韧性。

第六，促进地方发展。支持科技型中小企业的创新活动可以分散经济发展，不仅集中在大城市，还可以推动地方的就业增长，促进区域平衡发展。

为了实现这些目标，政府可以采取一系列政策措施，如提供创新资金、技术培训、法规优化，以及促进科技型中小企业与大型企业、研究机构等合作的机会。这将有助于提高社会就业率，创造更多的就业机会，提高国家的经济繁荣和社会福祉。

四、政府引导科技型中小企业有效创新的策略

（一）有效创新的识别标准

创新效率是指创新资源的投入，能够高效率产出高质量的创新成果，创新成果能转化为高效益的创新产出。企业科技创新是以准确的市场信息为决策依据，通过对各方面资源的高效整合将知识形态再加工，转化为新的生产力，提高企业市场竞争力、增加市场份额和新业务，获得高效益的经济活动。结合效率理论、科技型中小企业创新过程、风险因素识别和有效创新内涵，实现有效创新须具备三个标准。

第一，创新高效率。创新高效率就是既定条件下较低投入获得最大产出，衡量科技型中小企业创新效率的标准是投入产出之比。科技型中小企业在研发阶段投入主要包括人才、资金和技术。科技人员投入无论数量还是质量都直接对科研产出指标产生影响；科技资金投入指企业在科技活动研发和运作过程中的实际支出，包括技术引进费、机器设备、人员工资、市场推广业务费和科技活动管理费等；技术的投入是指现有产品先进的专利、专业知识和先进技术等投入。企业研发费用不仅影响财务，也可以从中看出企业研发实力，高科技企业销售收入越多，意味着研发费用越高，产品更有含金量。因此，科技人员文化程度、科技人员占比和企业研发投入总额占当年销售收入总额之比可以衡量企业研发投入与产出的效率。

第二，创新强效果。创新强效果是指在一定条件下创新投入要素产出成果质量越高、效果越好，衡量科技型中小企业创新效果的标准是拥有自主知识产权的科技成果，如专利申请量及拥有发明专利数等。高质量的专利更能够体现创新产出。因此，创新效果的指标可以用申请量及拥有发明专利数等表示。

第三，创新高效益。创新高效益是指在一定条件下创新成果投入效益最高，衡量科技型中小企业创新效益的标准是科技产品能够将实际的市场销售中产生效益，使其能够商品化。科技型中小企业成果转化阶段产出主要是经济产出。资产负债率可以体现企业财务状况和信用等级，资产负债率较低可以表示经济效益较好；企业所主导产品，其主营业收入占营业收入60%以上，表示企业专业化程度高，经济效益好。

第四，科技型中小企业有效创新的评定。创新效率分为科技人力、研发投入和创新产出等指标；将创新效益分为创新收益和资产负债率等指标。科技"小巨人"企业是在由地方科技管理部门认定的科技型中小企业的基础上申报的，主要在高新技术产业领域，特点是具有创新性、规模性和示范性；专精特新"小巨人"企业是中小企业中的佼佼者，专注于细分市场，具有市场占有率高、增长快、盈利能力强、创新能力强、掌握关键核心技术和优质高效的特点。科技"小巨人"企业和专精特新"小巨人"企业是科技型中小企业努力实现高质量创新的方向和目标。

（二）有效创新的机理

政府引导行为贯穿科技型中小企业技术创新整个过程，市级政府采取多元化引导和支持行为，帮助企业解决不同创新环节存在的不足。通过文献梳理和分析，判断和筛选出政府引导科技型中小企业有效创新四个关键要素：政策引导、资源引导、财税引导、服务引导；达到有效创新的三个标准是：创新高效率、创新强效果和创新高效益。基于此，分析政府引导与科技型中小企业有效创新要素间的作用机理，并构建政府引导科技型中小企业有效创新的作用机理图。

1. 政策引导科技创新需求，提升企业创新能力

科技型中小企业的创新产品具有公共性和外在性特征，创新过程会面临诸多技术瓶颈和风险，高投入难以获得可观的预期收益，价值追求的偏差和技术风险阻碍了科技型中小企业创新的积极性。因此，需要政府政策引导和支持。政府在国家宏观政策的指引下制定相应的政策措施，以吸引企业创新创业，提高创新能力，政策引导要素包括科技资助、科技计划和科技奖励。

政府政策引导通过科技资助、科技计划和科技奖励等方式聚焦科技创新任务和需求为科技型中小企业创新提供支持和指引，起到创新激励作用。科技资助主要包括科技型中小企业创新基金和引导基金，是一种引导性财政专项资金，通过吸引地方、企业、金融机构和其他投资人对企业创新活动投资。政府科技资助行为对于小规模企业激励信号更加显著，可以增加企业可支配资金，提高企业研发项目选择风险偏好和研发活动的意愿，进而克服创新障碍推动企业创新。

国家科技计划包括星火计划、火炬计划、科技孵化器政策等，省市级科技计划项目主要包括基础研究计划、科技重大专项、重点研发计划、技术创新引导计划、创新能力提升计划等五类。政府部门依据不同类型的计划、申请对象特点和需求提供具体的资金支持给成功申请项目的企业，科技成果奖励同样是为了激励自主创新，对符合激励条件的企业予以相应的资助和奖励，引导企业创新方向，激发企业创新积极性，提升企业创新能力。

2. 资源引导合理资源配置，提高企业创新效率

政府资源引导是指为科技型中小企业创新过程中提供和配置创新资源，以实现各要素最佳的投入产出。科技型中小企业创新的动力源泉是创新资源，资源要素投入质量影响企业创新效率和效果。政府拥有企业所需资源，如土地、资金和技术等资源定价权、支配权的控制。因此，政府能直接和间接为企业提供创新资源，克服信息不对称，降低企业投入成本，提高创新效率，资源引导要素包括人力资源、技术资源和信息资源。

在企业研发阶段，创新型人才能提高创新效率，具有成倍的劳动力价值。政府依据企业技术水平、创新需求精准设计人才政策，引导企业引育专业人才，为企业引进人才提供保障服务，提升企业在人才市场的吸引力。

政府技术资源引导主要包括技术引进及促进企业与高等院校、科研中心产学研结合，引导企业有效利用技术资源，提升企业创新效率。政府信息资源引导为科技型中小企业提

供便捷的信息服务，设立信息服务机构，打通信息传递通道并建立专门的信息服务网站，为技术创新过程和市场销售提供信息咨询等服务，有效地降低交易成本，提高企业创新效率。

3. 财税引导降低成本风险，提高企业创新效益

科技型中小企业面对激烈的竞争，尽可能获取更多的资金支持使企业利益最大化。政府财税支持能够增加企业当期资金的存量，提高企业获得更多创新资源的能力。政府财税引导主要包括在企业研发阶段的投资融资支持，在企业取得一定阶段性成果时的税收优惠，在成果市场销售时的政府采购。政府财税引导不仅能提高地方经济和社会效益，政府采购企业产品能降低创新风险。因此，财税引导要素包括投资融资、税收优惠和政府采购。

政府投资融资引导银行等金融机构为科技型中小企业创新提供专属金融产品和服务，完善贷款风险补偿机制和担保体系，降低企业融资风险；税收优惠主要包括优惠税率、税收减免、税收免征等，通过对创新成果收入的税收进行减免、延长纳税期限的方式，缩短科技型中小企业创新的投资回报期、提升预期收益，降低创新成本，进而刺激企业进行新一轮创新，提高创新效益。

创新成果转化阶段，政府采购行为拉动了市场需求，提高了科技型中小企业创新产品的市场竞争力。一方面通过政府采购企业提供的创新成果，为企业创造了市场需求；另一方面，通过为创新成果提供展览设施、宣传和新的技术标准可以改变刺激市场需求和开发潜在市场。

4. 服务引导搭建创新平台，优化企业创新环境

科技型中小企业创新创业的各个阶段离不开政府提供的公共服务平台。政府服务引导是企业创新的催化剂，促进科技型中小企业创新产品的发展、成熟和更新。政府的职能就是为企业提供创新需要的公共物品和公共服务，主要包括提供创新创业培育服务、推进产学研合作服务、搭建成果转化平台和公共服务等。

政府服务引导主要是为科技型中小企业创新的不同阶段提供有利于的创新平台，便于创新的公共服务。创新创业培育服务是为企业创新创业给予支持、引导和培育，促进其创新与国家需求对接，提升其创新成果价值。产学研合作平台是要满足科研院所和企业的相互需求，使企业、科研机构和高校之间协同创新实现资源共享和优势互补，促进企业高效发展、科技进步和高质量产出。

政府搭建成果转化平台主要通过技术推广、合作开发、产权转让、技术入股等方式在技术市场实现。活跃的技术市场可以提高科技成果的成熟度，促进科技成果的顺利转化。

公共服务平台一般是政府为科技型中小企业提供信息查询、质量检测、监管标准、管理咨询、市场开拓、人员培训、设备共享等服务，通过优化政府间接性服务支持和服务质量来优化创新环境，提高企业创新质量。

总之，市场和技术的需求刺激科技型中小企业开始创新活动，政府引导服务于整个创新过程，包括研发阶段、成果转化阶段和市场销售阶段，最终通过政府引导的关键要素激励企业提高创新效率、创新效果和创新效益，实现科技型中小企业有效创新。

（三）有效创新的策略

1. 激发创新主体积极性

（1）科学设计与精准资助相结合，提升科技资助效益。在政策引导对有效创新的作用机理模型中，科技资助的载荷系数最大，政府科技资助的效果影响科技型中小企业有效创新，形成促进有效创新的关键路径。政府对科技型中小企业创新项目需要的资金、技术、人员等资源进行资助，会存在资助具有偏差性和偏向性等问题。科学设计资助方案，对于衡量企业创新需求，激发创新主体积极性，有针对性地实施资助具有重要意义。因此，政府科技资助可根据不同项目评估补助区间，以市场需求为指引，优化配置资助资源，灵活帮扶特定阶段的科技型中小企业，采用事前和事后相结合的资助方式，避免前期资助欠缺，短期资助和间断资助等问题。

有针对性地制定科技资助方案，可以根据企业创新特点和性质，潜在价值和资源投入状况等综合评估，筛选出具有创新价值的企业和创新项目，对于不同创新阶段的科技型中小企业给予精准的资助，可以发挥资助效用最大化。完善资助项目的后续跟踪和监督，科学设定科技资助与企业自主性研发投资的配套比例，保障资助的持续性，在创新期中、期后制定合理的追踪管理和绩效评估方案，提高资助效益，激发企业创新积极性。

（2）合理设置科技奖励方案与比例，激励企业创新研发。在政策引导对有效创新的作用机理模型中，科技奖励的载荷系数较政府采购的载荷系数较大，说明企业更需要政府科技奖励激励其有效创新。目前政府对科技型中小企业科技奖励的方式以事后奖励为主，政府科技奖励可以体现政府对于尊重知识、人才和成果的重要程度，可以引导企业创新方向。因此，合理设置奖励方案和奖励比例，有利于引导和激励企业创新，提高科技成果产出。政府部门应该合理安排财政资金，引导社会投资，促进参与科技成果转化的资金投入主体多元化，完善科技成果评估机制，注重创新效率和效果的评估，对科技成果研发和成果转化有重要贡献的企业制定合理的奖励标准，无论以转让、许可还是以作价的方式实施转化，都要提高研发人员收益比例，激发企业创新积极性。

2. 激发企业内生动力

（1）完善利益共享与保障机制，提高科技人才创新活力。在资源引导对有效创新的作用机理模型中，人才资源扶持的载荷系数最大，说明科技型中小企业要实现有效创新对政府人才资源扶持的需要更为明显和迫切。

科技人才是技术创新的主要承担者，决定着科技型中小企业发展的命脉。政府人才资源扶持，完善利益分配机制，人才引进机制，可以促进创新高效，促进知识等创新要素在协同创新系统内充分流动并有效整合。政府部门应详细规定好利益分配的内容，利益调整的流程、分配方式和步骤，提高骨干团队、主要发明人受益比例，实施股权和分红权激励、激发科技人员创新积极性。

完善科技人员保障机制，是留住人才的关键。政府部门在帮助科技型中小企业引进人才的同时，也要帮助企业留住人才，从住房、医疗、子女教育、配偶工作多方面给予政策优惠，从而吸引创新人才来工作。建立人才培养机制，为科研人员提供培训与学习的机会，帮助科研人员在各自专业领域深造，调动创新积极性，提高人才资源的有效投入和成果产出能力。

（2）推进技术引进消化吸收有效衔接，提高成果产出能力。在资源引导对有效创新的作用机理模型中，技术资源扶持的载荷系数与信息资源相比较大，说明科技型中小企业有效创新更关注政府技术资源扶持。

技术是科技型中小企业创新的核心要素，技术要素由研发技术、制造技术和创新技术等环节组成。企业技术的先进与否影响着企业的成本与收益。在企业技术创新方面，政府应牵头成立联合研发中心，搭建服务平台，引进高端技术。建立和大企业战略合作的渠道，鼓励高校院所和大型企业吸纳科技型中小企业，建设产业技术创新战略联盟，以更好地共享创新资源，交流创新技术，提高成果产出能力，降低企业创新中的风险。另外，从政府要进一步强化企业吸收再创新的能力，加强对知识产权的管理和保护，完善相关的法律制度，使科技型中小企业能充分利用知识产权提升企业竞争力。

科技型中小企业要进行科学的决策开发可行的项目，需要获取各方面的信息。及时可靠、高质量的信息能够使企业发现新机遇，规避创新风险。政府要完善信息服务平台，建立规范的信息市场，促进利于创新的信息交流传递，提高服务质量，降低获取技术信息和利用信息的成本。企业也要有意识地培养员工的信息敏锐度，培养主动意识，提高信息的收集和分析能力，提高信息获取能力。

3. 激发企业创新活力

（1）完善创新创业培育平台，提供优质的公共服务。在服务引导对有效创新的作用机理模型中，创新创业培育的载荷系数大于成果转化和公共服务，说明政府创新创业培育引导对科技型中小企业有效创新效果最好，企业也最关注。科技型中小企业通过对企业的调研，企业在创业孵化平台能够获得最新的创新信息，但是平台的市场拓展能力不足，缺乏深度服务和衍生服务，创新资源的整合也需要继续完善。政府应该完善创新创业培育平台的建设，形成政府、公益机构、企业和个人互相扶持企业成长的新生态，打造具有承载和支撑企业创新，具有高转化成功率和高效益的创业平台。

政府应该扩宽服务职能，为科技型中小企业创新提供全方位、多方面的公共服务，从研发到成果转化到市场销售，完善培养、技术引进、人才、金融、信息和知识产权交易服务等职能，激发科技型中小企业创新活力。

（2）搭建产学研合作平台，促进科技成果转化。在服务引导对有效创新的作用机理模型中，产学研合作的载荷系数最大，说明政府引导产学研合作是促进科技型中小企业有效创新重要因素。

政府搭建产学研合作平台，旨在搭建科技型中小企业与高校、科研院所之间协同创新的桥梁，及时为科技型中小企业创新需求提供引导和帮助，做好创新主体与"国家创新战略需求"之间的桥梁，集聚创新资源，激励各个创新主体开展技术创新活动。

将扶持科技型中小企业技术创新作为地方政府的考核绩效，从创新成果转化的角度，要建立健全科技成果转化和处置分配机制，建立合理的科技成果转化的市场定价机制，使企业获得合理的收益，可以让产学研等自主选择定价方式和处置方式。政府应加大各个创新主体间相互交流与融合，简化成果转化流程，提高科技成果的生产和转化效率。

4. 激发企业创新动力

（1）健全投资融资与担保制度，降低企业创新风险。在财税引导对有效创新的作用机理模型中，投资融资的载荷系数较政府采购大些，说明政府投资融资引导对科技型中小企业创新作用更大，提高政府投资融资扶持力度，能够降低创新风险，激发企业创新动力。

科技型中小企业有效利用外部融资手段可以提高资金筹备效率。政府健全融资信用担保机制，鼓励融资机构将企业实物担保条件放宽、放低，政府企业银行三方合作，促进科技信贷资金，放宽对发展成熟项目的审批制度，加快项目审批、资金流转、研发生产手续办理，将研发项目和信贷资金相互促进融合。

加强金融风险防范，政府部门要实施监测监管，建设信用服务体系，提高科技型中小企业信用意识和个人征信体系。融资机构也要积极为中小企业出谋划策，最大限度地满足企业需求。科技型中小企业应积极向金融机构进行金融咨询，寻求合适条件促进融资。

（2）加强税收优惠宣传与应用，提供多层次精准扶持。在财税引导对有效创新的作用机理模型中，税收优惠的载荷系数最大，政府税收优惠引导效果影响科技型中小企业有效创新过程，形成促进有效创新的关键路径。

税收优惠是政府财政引导企业创新的最有效的方式之一。加强政府税收优惠政策的宣传，可以帮助科技型中小企业理解税收优惠政策的目的和意义，理顺政策实施中的具体规定和要求。通过对实地调研，了解在面对突发公共卫生事件时政府税收优惠和减免对企业创新的影响较大，帮助企业减压减负。

政府税收优惠应该按照科技型中小企业不同创新阶段提供多层次的精准扶持。从创新研发到产出阶段，创新活动存在巨大的创新风险，该阶段适用于研发费用加计扣除、研发设备加速折旧等政策；在创新成果的市场销售阶段，科技型中小企业进入产出和盈利期，此时实行税前扣除、税负减免、税率优惠等税收优惠政策。对投资科技型中小企业创新的企业，实行税收优惠，鼓励其投资企业技术创新。

第二节　活力创新的提升策略

一、活力创新的含义

"活"是指生存、生活、成长，"力"强调万物的功效和效能。其他解释认为，"活力"是一个综合概念，反映了一个人的活力状态，包括人可以感受和拥有的体力、情绪能量和认知灵活性。

企业活力是企业在追求个性化发展过程当中所形成的一种综合能力。对企业的发展活力进行总结的基础上，构建了完善的指标体系，指出企业活力主要是指企业生产经营人员为了更好地满足市场发展的规律，在实际生产环节通过自身素质与外部环境之间的信息往来，调动大多数从业人员的积极性，发挥企业综合竞争能力，使得企业展现良性循环的、长远的发展状态。

企业活力是企业在不断成长中表现出的综合能力，它可以看作对企业发展经营能力进行评价的一项重要指标。企业技术创新的活跃程度即企业的技术活力创新。

激发活力创新在一定程度上可以缓和经济发展与环境污染的矛盾，促进工业高质量发展。城市活力创新可以通过企业的死亡与新生来表示，也指一个城市在创新发展过程中展现出来的能力和潜力。创新看作企业技术模式创新的一种倾向，并且将外观设计以及发明专利的数量作为主要的衡量变量。

二、活力创新与创新能力的联系

活力创新与创新能力之间既有区别也有联系。就不同点来说，能力侧重于某种技术能力的高低，活力侧重于状态，可以看作事物维持自身良好形象的一种内在生长潜力主要指向的是环境好坏。能力是活力的基础，活力是能力的释放。活力创新在创新能力发展的时期和转换完成之后都有影响，涉及企业各层面和阶段，影响范围更广、涉及层次更深。创新能力集中在企业的技术创新部分，范围较小。

科技型中小企业的活力创新是企业创新发展过程中，受企业创新活动相关的创新主体所构成的复杂的内部环境和一定的外部创新环境（如经济发展水平、政策、生态、文化环境等）作用下，各创新主体之间相互联系、相互作用，企业通过整合人、财、物等创新资源，拥有将知识转化为新产品的现实能力和潜在能力，同时在自身技术创新模式或发展方向上积极创新，在市场竞争中呈现出良性循环的、可持续的企业发展状态。

三、科技型中小企业活力创新的影响因素

明确活力创新的影响因素是对科技型中小企业活力创新进行评价的前提。研究发现，科技型中小企业的创新活动和创新水平受多种因素的影响，系统并非独立存在，而是相互影响、相互制约和相互渗透，无法仅从投入、产出方面分析企业发展是否存在变异性，因此需要探讨科技型中小企业创新活动的影响因素。

（一）企业层面的影响因素

企业创新活动的开展离不开企业资源的研发投入、产出和转换等，这些流程都离不开企业的组织管理。企业的发展与创新产品的生产转换密切相关，因此，企业的活力创新发展如何离不开企业对这一流程的精准把控，同时也离不开企业的创新组织管理。

1. 创新意识

任何企业都要保证产品具有比较强的创新性。企业必须更加积极主动累积更多的有效资源，确保企业自身拥有足够的资源去进行各种创新活动与研发活动，进而不断地提高自己的自主创新能力。事实上，企业的研发水平对于企业综合市场竞争力以及整个科技市场的发展都将会带来一定的影响。

知识经济和互联网时代，海量的知识不断涌现出来，各种各样的网络资源也都充斥在我们的身边。如何才能够将这些知识资源有机地整合在一起，并将这些知识产权转化成为

高端技术或是稀缺资源，这也成为众多企业领导者管理者必须要仔细思考探索的问题。如果能将各种知识产权都有机整合吸收起来，对于不断强化企业的创新能力，改善企业的创新绩效将会带来非常有利的促进作用。

2. 创新资源的投入

企业的创新资源指企业自身所拥有的有形资产、无形资产，如人力资产，设备资产等。此外，非企业所有但企业可控的资产或是可利用的资源都是属于企业所有的创新资产。事实上，企业的生存经营发展在很大程度上都是依赖于各种各样的资源，资源对企业创新活动的开展具有保障性作用。

科技型企业开展创新活动的创新资源投入主要可以划分为人力和财力投入。劳动力要素划分为企业家、科研工作者和工人。企业家是创新的主体，而科研工作者则是创造与创新的知识提供者，是创新的最重要的来源。企业家与科研者能够综合的利用和调配企业现有的各种资源，从另外一个角度来看，这两类人员还是企业所拥有的重要创造性资源。对现代企业而言，必须积极地引入更多的创新型人才，制定更加完善高效的人才培育机制，才能不断提高创新能力。企业的正常经营发展以及创新研发活动的展开，都必须有足够的经济支持。企业进行创新活动得到创新成果，这些创新成果进行了商业化转换以后就可以推向市场，为企业创造出应有的价值。企业的融资和财务管理等能力是影响科技型企业能否顺利地开展创新活动、维持企业良好的资金运转状态以实现企业创新活动有序开展的重要因素。

创新资源是对企业管理者如何将创新资源有效、合理地投入创新产品的生产和创新活动开展中的一项综合考验。事实上目前绝大多数的科技型中小企业都更倾向于进行内部研发活动。对于这些中小企业而言，自有的研发能力正是其安身立命的本质所在。企业所有的经营活动都是以研发活动为中心而进行的，对于基于技术的科技型企业来说，研发就是最为核心的。当前此类企业绝大多数的研究都是考虑到了创新资源在内部研发活动中的投入，关于外部投入主要是从企业的协同创新方面进行研究探索。

3. 生产制造能力

生产制造能力指的是企业将自主创新研发成果转化成为符合设计标准的且可进行批量生产的产品的能力。对于众多科技中小型企业而言，必须在技术上进行大胆的发展，达到有力突破，才能保证企业自身能够实现稳健、可持续性的发展。而想要实现这样的目标，就必须不断提高自身的生产制造以及创新成果的转换能力。该能力是企业自主创新技术实现与产品形成最重要的基础。而且企业的生产制造能力，还是企业发展面上最重要的一个环节。企业必须累积足够的生产制造能力，才可以获得更强的自主活力创新。

产品制造完成后则需要进行进一步的营销推广工作，如果企业没有足够强大的自主创新营销能力，则无法将研发创新成果转化为商业化产品，企业无法获取相应的经济和社会效益，那么企业所进行的一系列创新活动都将变得毫无意义。换言之，企业是否具备强大的创新营销能力是企业在进行创新活动之后，是否可以取得经济效益和社会效益最重要的影响因素。以高校为载体的人才集聚积极影响了区域的企业活力。科技型中小型企业必须加强市场研发工作，还需要不断完善营销体系和售后服务。这些工作，在企业整个销售网络中都发挥着重大的作用。

4. 组织管理

（1）创新活动的有效管理，决定企业的持续创新。相对于科技型中小企业而言，该类型的企业组织结构是比较简单，管理层次也不是很多。首先，企业就必须要确定创新思路，制定出创新发展战略，但创新发展战略落实到实际行动中后，主要就是表现在创新资源配置、创新决策、创新方式选择等多个方面。保持企业内部各部门的沟通的顺畅性就是指的需要确保研发部门，生产部门营销部门等各个部门之间的沟通渠道是畅通无阻的、沟通过程也是良好的有序的。

（2）活力创新是企业控制力和灵活力的结合。企业文化对于企业内部活力创新将会起到极为重要的作用。企业的创新控制力量与企业的灵活力量是有着正向的关系，而健康良性的企业文化能够帮助营造出一个更加轻松愉快的企业创新氛围。员工们在这样良性的企业氛围当中，可以激发更大的潜能，积极创作出更多拥有技术性与知识性有机结合的新产品。一个企业如果是拥有比较高的创新意识，那么自然会在研发上面投入更多的资金、资源等，从而也更有可能研发出更多新的产品与技术，企业的创新绩效也会明显地增加。企业要保持高度创新意识，还需要结合外部市场环境积极进行创新意识调整。良好的企业文化氛围和创新环境对于企业的成长发展至关重要，只有通过企业文化促使员工和企业保持创新思想和观念，随市场的发展变化及时调整创新意识、与时俱进，才能更好地了解市场需求，实现企业发展与企业文化之间的良好循环，进而激发企业活力。

（二）创新主体层面的影响因素

为了保证创新活动的顺利开展，围绕企业自身条件下，科技型中小企业与主要的创新主体及其互动联系等方面对科技型中小企业活力创新的影响进行梳理。

1. 政府方面

创新是发展的第一动力，企业更是践行创新活动、履行创新理念最重要的力量，企业所担负的责任是非常重大的。然而事实上，企业在进行创新活动的时候，不可避免会遇到融资、风险防控问题等问题。这些问题的存在往往导致经济市场失灵，影响企业创新目的。对此政府部门就需要颁发系列经济和市场政策，对企业的创新活动进行宏观调控与积极引导以建立良好的创新发展环境。

政府部门是整个创新系统中最重要的一个创新主体。政府在不断推动各个创新主体积极进行创新活动。政府所具有的引导作用、组织作用是非常明显的。政府为各级创新主体，可以提供不同形式的资金支持，如科研资助、财政拨款等。各级创新主体在获得了政府部门的资金支持以后，也会更加有积极性去开展各种创新活动。综上，政府部门对各级创新主体所提供的资金支持，在很大程度上都会直接显著地影响到科技型中小企业活力创新水平。

2. 高等院校与科研机构

高等院校与科研机构是知识和技术的发祥地，也是各种高新技术与前沿知识的聚集地。高校与科研机构可以积极地和政府企业建立合作关系，不断地输出科技研发成果以及科技型高端人才与管理型高端人才。高校与科研机构还会创办创新中心、大学科技园创业中心等，通过这些不同的形式，可以直接将自己的科研成果实现商业化与产业化，由此可以直接催生出一大批科技型企业或知识型企业。

大学生创新创业教育，可以明显地帮助提高大学生群体的创业意愿。而大学生群体通过参与这些创新创业教育与活动，也可以将自己所学习的专业知识更好地与创业内容有机结合在一起。高等院校是创新创业人才的重要培育者，也是创新创业教育实施的重要主体。近年来，我国陆续颁发了一系列文件关注大学创业教育，提出了将创新创业课程纳入高等院校学分管理，也就意味着创新创业教育是成为高等院校教育体系的内容之一。高校作为创新创业活动的组织者和实施者，应积极采取不同形式，以创业的形式将大学专业知识转化为实际生产力。

3. 产学研方面

产学研合作是技术创新所需的各项生产要素的有机组合，当前政府部门对于产学研合作以及创新平台搭建都发挥着越来越重大的作用。科技型中小企业要积极加强创新产学研合作机制建设工作，构建产学研技术创新的股权激励机制、政策激励机制等。各创新主体之间的高效联系、有效的沟通，对于科技型中小企业创新系统正常、稳健运行都会带来极为重大的影响。特别是高等院校与企业政府等所建立的产学研合作关系，是能够让各主体的优势进行互补，从而确保各项创新资源得到科学有效合理的配置。综上，创新主体网络层面的高等院校和科研机构、企业、政府三者间的产学研合作是影响科技型中小企业活力创新的重要因素。

（三）创新环境层面的影响因素

任何创新活动的开展都是在一定的社会经济条件下进行的，科技型中小企业也不例外，创新系统的良好运行都必须和周围环境进行积极的信息交流与能源交换。

1. 政策环境

政策环境是指由一系列促进国家和地区经济技术发展的政策法规组成，在创新资金、技术人才激励、知识产权等方面为企业开展自主创新活动提供优惠和鼓励政策的制度体系。政府部门通过制定相应的政策措施为科技型中小企业的创新活动顺利展开提供帮助，与此同时这些政策措施的颁发还有助于保持企业创新绩效和经济协调发展。在创新活动开展过程中，政府通过制定相应政策与措施对创新活动进行调节以达到保持企业创新绩效与经济发展相协调的目标。

对于科技型中小企业而言，其在进行创新活动的过程中，必须获得有力的政策支持。政府必须对市场进行有力的干预，以防市场失灵。对科技型中小企业的自主创新活动而言，主要是受到了金融政策、财政政策、科技服务政策等相关政策的影响。中国的创新在很大程度上是政府驱动的，因此，一个地区的活力创新和创新方向很大程度上取决于政府出台的创新政策的力度。政府需要大力支持和投入，为提升区域创新能力创造强大动力。

2. 市场环境

市场环境是科技型中小企业自主创新的资金、技术和信息交换关系等各种因素的总和。企业以市场需求为导向开展创新活动，可以保证向获取经济绩效前进。基于当前实际市场环境进行创新活动，可以避免出现盲目创新的现象，也有利于提高企业的创新积极性。

良好的经济市场环境，可以极大地促进区域创新资源的发展。企业的自主创新科技成果，在实现商业化的过程中，最重要的一个动力来源就是利益。企业只有感觉到了将自主创新科技成果转化成为商业化产品可以获得足够高的经济收益，那么他们才会更加积极主动地进行各种自主创新活动。当前很多科技型中小企业在进行开创新活动的时候，主要从三个渠道来获取资金支持：①企业自己筹集资金；②政府资助资金；③通过金融市场进行融资。

信息化为科技型企业的发展注入新动力。创新系统外部的信息环境和对外开放环境会影响我国科技型中小企业活力创新的水平和企业的创新绩效。通过加强信息化建设，能够更加迅速更加深层地推动人力、资本、技术等各项创新生产要素的流动，与此同时，还可以有力地推动各项资源的合理配置。

3. 科技环境

对于科技型中小企业来说，良好的科技环境是企业得以创新发展的重要推动力量。区域创新环境是指一定区域内的创新主体、创新资源、创新制度及其政策的总和，而科技环境则是区域创新环境中的重要一环。对于科技型中小企业而言，如果其处在一个非常好的科技环境当中，则可以获得更多的服务，帮助企业更好地进行自主创新活动。特别是许多科技型企业目前面临融资困难、科技成果推广不力等问题。良好的科技环境有助于有效解决或缓解上述问题，从而不断提高企业的自主创新能力。

创新活动对于实现企业健康可持续发展的目标具有重要意义，它还对技术型中小企业的创新质量和效率提出了新的要求。此外，随着我国经济和技术的不断发展，从资源创新向要素创新转变，创新已成为转变经济增长方式、改善资源环境问题、实现可持续发展的重要手段。拥有完善创新基础设施的科技环境，有助于企业熟悉市场形势，做出正确的决策判断。企业所在的区域科技环境为各市场主体开展交流合作提供了良好的基础。不同企业之间的资源重组、基础设施的交流和使用、企业之间的合作，可以增强企业的风险抵御能力。

4. 法律环境

法律环境指的是政府以及立法机构参与制定并切实执行从而有力地保护自主创新者合法权益的相关法律法规。良好的法律环境是企业的自主创新的有力保障。企业在自主创新时涉及环节多，而且必须确保经济环境、技术环境与社会环境都是有序的。这些环境的保障，在很大程度上都需要依赖于一系列法规政策，尤其是关于创新活动的知识产权保护问题。企业为了能够节约成本防控风险，就会抑制投资活动与自主创新活动。通过建立完善的法律法规，能够更进一步降低企业面临的风险，从而推动企业的自主创新活动。

法律维护科技创新，需要有良好的创新环境和条件，需要有规范和法律保护。如各国都有制定出相关的法律法规。首先是制定了法律法规，保证了企业科技创新所具有的主体地位，从而更进一步推进企业的科技创新与开发。其次通过制定相关法律法规，保证企业的科技创新物质保证与资金保证。最后通过制定相关的法律法规，更加积极地推动企业进行改革和创新。

总之，从企业、创新主体、创新环境三个层面出发，结合相关研究成果和发展现状，对科技型中小企业的创新意识、创新资源投入、生产制造能力、企业的创新组织管理、各创新主体之间的交往、不同的创新环境等因素进行深入的分析，进一步从创新意识、创新资源投入、生产制造与成果转换能力、组织管理、创新主体、创新环境等方面将相关影响因素进行归纳汇总。在详细了解科技型中小企业的活力创新所受复杂的环境影响时，也为更进一步地提取评价指标、构建科技型中小企业活力创新的评价指标体系提供基础的理论分析。

四、科技型中小企业活力创新的提升对策

（一）加大创新研发投入强度

第一，建立多元化创新研发投入体系。为了能够更进一步提高科技型中小企业的活力创新，政府部门和各创新主体还需要持续增加研发投入。为了能够切实地解决众多科技型中小企业所面临的融资难题，政府部门还需要积极地引导吸收民间资本，将民间资本与金融机构的资金都更加充分地融入科技型中小企业的创新领域。对于科技型中小企业国家还可以颁发一些企业税收优惠制度，并积极地进行科研项目管理机制的改革与创新。最后还应激发出各个市场主体都参与创新活动，让各市场主体积极和企业进行合作展开科研项目。总而言之，通过建立多元化创新研发投入体系，可以让众多科技型中小企业的活力创新得到极大的提高，这对推动我国经济转型升级和发展将起到巨大的推动作用。

第二，培育集聚创新型人才队伍。对创新型的科技人才进行合理分类可以激发出创新人才的最大潜能。对于高校创新创业教育还需要更进一步地进行改革。当前这个社会非常需要综合型、复合型的人才，为了能够培养出高素质的复合型人才，可以制定出个性化培养方案，将不同专业的教育教学与创新创业教育进行有机的结合，打造更加完善的产学研用一体化的协同育人模式。还需要更进一步积极地引入高层次的人才。高校、企业、研发机构都应当尽可能地开辟出更多的渠道，引进省外或海外的高层次优秀人才，增加企业创新人才储备。

第三，提升创新研发的保障条件。合理统筹和规划科技资源，根据资源的功能差异定位，对创新科技资源和科研基础设施进行整合归类并划分为科学研究型、技术创新型、战略综合型等板块进行管理。与此同时，政府还必须积极引入更多重大的创业领域和国家实验中心以及技术创新中心等联合建设布局，通过建设共享服务平台将科研仪器设施和科研数据进行共享，提升科研交流程度。企业也可以通过这些平台获得更加有利的物质基础，而这也正是不断提高科技型中小企业活力创新的最重要的研发保障条件。

（二）推动企业数字化转型

数字经济环境当中，科技型中小企业所处的市场环境瞬息万变。科技型中小企业必须将数字技术积极地融入企业创新活动。一方面通过数字技术企业可以获得更多创新资源；

另一方面企业可以进行数字化转型，将各种创新资源都更加高效有机地整合在一起。这对于解决当前众多科技型中小企业所面临的资源紧缺问题都是非常有帮助的。

科技型中小企业通过不断推动企业的数字化转型，就可以有效地提高企业的内外部治理水平，促进企业的稳健持续性发展。如陕西省政府在积极开展企业数字化转型，为了解决科技型中小企业在数字化转型推进过程中遇到的问题，提升科技型中小企业数字化、网络化、智能化、绿色化发展水平，助力陕西制造业高质量发展。

（三）提升创新成果转化率

1. 提高科技成果成熟度

企业科研项目的立项必须紧紧地结合实际的生产活动与业务经营活动，而且还需要针对整个市场进行全方位的调查研究与分析。企业需要将所创新出来的技术成果和现实需求进行密切的结合，才能够最大限度地保证科技的成果是具备比较高的实际市场应用价值的。

确定好推进的步骤流程，并确保最终的成果是能够满足实际生产要求的，且可以获得比较好的经济效益与社会效益的。另外在针对科技成果成熟度进行评价的时候，项目评审专家必须对整个行业技术都有非常全面的了解，而且对于整个行业以及该企业的实际生长发展情况都要充分掌握。评审专家们还需要能够准确地预测判断该研究成果的市场转化前景与发展前景，只有这样才能够作出更加科学合理的判断。对于国内众多科技型中小企业以及大型研究机构而言，可以更积极主动地建立中间实验工厂，通过模拟生产为基础不断提升工艺技术水平，有助于确保创新成果的真实性以及成果的更好转化。

2. 完善创新成果转化激励评价制度

科技型中小企业是创新成果转换的主体，国家可以通过制定相关的法律法规以及制度体系，推动企业落实科技成果转化工作。

（1）高校以及研究机构可以定期提交科技成果转化年度报告，相关主管部门基于报告中的实际情况可以对高校研究机构等进行更加科学合理的评价。对于那些绩效表现非常突出的机构，高校主管部门可以在财政拨款上适度地倾斜或给予直接性奖励。

（2）创新成果转化激励评价制度可以鼓励科技型中小企业积极从事创新活动。这一制度可以包括提供资金支持、知识产权保护、市场准入便利等各种激励措施，以鼓励企业进行更多的研发和创新工作。这将有助于提高整个经济的技术水平，促进科技进步。

（3）完善创新成果转化激励评价制度有助于将科研成果转化为商业机会。科技型中小企业通常面临着将研究成果转化为商业价值的挑战。通过建立评价机制，政府和相关机构可以识别出那些具有市场潜力的创新项目，并提供支持，例如，技术转让、风险投资或市场准入的便利，以协助企业实现科技成果的商业化。

（4）创新成果转化激励评价制度可以促进产业升级。通过奖励那些成功实施创新的企业，政府可以鼓励科技型中小企业不断提升自身的技术水平，推动整个产业的创新和发展。这对于提高国家的国际竞争力至关重要。

（5）这一制度还有助于建立科技型中小企业之间的协作网络。通过在激励措施中强调合作和知识共享，科技型中小企业可以更好地利用各自的专长，共同开发创新项目。这不仅有助于提高创新效率，还有助于推动跨行业和跨领域的合作，为新的商业机会打开更多的大门。

（6）完善创新成果转化激励评价制度还可以提高科技型中小企业的竞争力和可持续性。这一制度鼓励企业进行长期的研究和开发工作，使其能够在市场上保持竞争优势。同时，它还有助于降低企业的风险，鼓励它们更加自信地追求创新。

3. 深化科技成果权益管理改革

（1）深化科技成果权益管理改革将鼓励科技型中小企业更积极地进行研发和创新。当企业知道他们对创新成果享有合理的知识产权保护和收益时，他们更有动力投入研发活动。这将促进新技术、新产品和新服务的涌现，为市场带来更多选择，激发竞争和消费者满意度。

（2）活力创新有助于提高科技型中小企业的竞争力。通过明确的知识产权制度，这些企业能够更好地保护他们的创新成果，减少技术盗窃和侵权行为的风险。这不仅有助于维护企业的商誉，还有助于吸引投资和合作伙伴，进一步推动创新。

（3）深化科技成果权益管理改革还有助于加强企业的合作与知识共享。中小企业通常需要合作伙伴来共同推动创新，但在知识产权保护方面存在一些疑虑。改革后，企业更容易与其他企业、研究机构和创新生态系统合作，分享专业知识，共同应对挑战。

（4）活力创新有助于提高科技型中小企业的融资能力。银行和投资者通常更愿意支持那些拥有明晰知识产权权益的企业，因为这降低投资风险。这意味着中小企业能够更容易获得融资，用于扩大规模、研发新产品和进入新市场。

（5）深化科技成果权益管理改革有助于提高科技型中小企业的国际竞争力。国际市场对知识产权的重视日益增加，因此拥有明晰的知识产权权益将使企业更容易进入国际市场，与国际合作伙伴合作，拓展业务范围。

总之，这一改革将激励企业更积极地从事研发和创新，提高其竞争力，加强合作，提高融资能力，进一步巩固国内和国际市场地位。政府和相关利益相关方应共同合作，制定更具吸引力的政策和法规，以推动这一改革的成功实施，进一步促进科技型中小企业的持续发展和成功。

（四）拓宽协同创新的广度和深度

区域协同创新能力是对多个主体交互性的评价，一个区域内的协同创新可以发生在一个或多个不同的创新主体之间。区域创新协同创新能力意味着创新活动的高活跃和开放，具有更多市场优势，这也体现了地区创新主体之间有更强的附着力和创新动力。

第一，打造协同创新共同体。对于当前所普遍存在的区域体制障碍，必须从根本出发彻底地打破。从而才能够更加有力地推动创新资源在区域之间的有序流动，并实现科技资源的开放共享与互联互通。"一带一路"建设的重要发展契机之下，企业必须与高校科研机构都加强科技方面的合作，如联合建设科技园区联合实验室等，推动人才交流和创新资源共享，加强创新产业链融合。

第二，促进人才自由流动。大力鼓励和支持高校科研机构等设定流动工作岗位。简言之，有必要尽可能促进研究人员在不同部门和地区的不同机构之间的流动。完善人力资源配置，破除人才流动障碍，让人才自由流动，实现人尽其才、才尽其用、用有所成，鼓励高校、研究机构设立流动岗位，使科研人员在不同地区、行业、体制之间的转换更加方便，为人才双向流动提供便利。

（五）完善科技创新环境

通过建立多主体参与良性的科技创新生态环境能够更进一步地降低科技型中小企业所面临的经营风险。不仅如此，一个良好的创新生态环境还能够积极地引导更多企业，去大胆地进行科技创新，并突破发展障碍，最大限度去发挥自身的优势。

第一，良好的创新生态系统依赖于主体间内外部协同创新。科技型中小企业尤其是部分新兴行业非常依赖政府支持与行业支持，为了能够更进一步推动科技型中小企业的创新研发与成长发展，政府部门需要为企业创建出一个更好的宏观环境。市场需求是不断变化的，越来越多的新技术新产品不断涌现，科技型中小企业必须要进一步加快新产品的研发速度，积极扩展新市场。

第二，完善支持科技创新的普惠性政策体系。通过财政政策、对企业的技术引导等措施，国家将能够更加有力地引导和激励企业进行先进技术引进和创新。政府可在教育科技经费投入上进一步提升创新能力，建立覆盖所有创新要素的利益分配机制，坚持对科技成果和知识产权实行股权激励、期权激励和分红激励。要加大对创新支持政策和制度规划的研究，完善现有的环境保护和治理监管体系，继续加大对区域基础设施建设的财政投入。

第三节　商业模式的创新演化

商业模式是创业者的创意，商业创意来自机会的丰富和逻辑化，并有可能最终演变为商业模式。其形成的逻辑是：机会是经由创造性资源组合传递更明确的市场需求的可能性，是未明确的市场需求或者未被利用的资源或者能力。商业模式就是企业通过什么途径或方式来赚钱。"开展科技型中小企业商业模式创新的研究，将有利于其在激烈的市场竞争中形成竞争优势。"[①]

一、科技型中小企业的商业模式的要素

商业模式包括九要素，分别是价值主张、目标客户、分销渠道、客户关系、价值配置、能力、合作伙伴网络、成本结构及收入模式。

第一，价值主张。价值主张是科技型中小企业为其客户提供的独特价值的核心描述。它涵盖了产品或服务的特性、优势和解决方案，以及为客户创造的效益。一个成功的价值主张应该能够满足客户的需求，解决客户的问题，并与竞争对手有所区别。

第二，目标客户。了解目标客户是成功商业模式的关键。科技型中小企业需要明确定义并理解其目标客户，包括他们的需求、喜好和行为。这有助于企业更好地定位市场并为特定客户群体提供有价值的产品或服务。

第三，分销渠道。分销渠道是将产品或服务传递给客户的途径。这可以包括直接销售、零售商、在线销售、代理商等。选择适当的分销渠道对于产品的成功推出和销售至关重要。

第四，客户关系。建立和维护客户关系对于保持客户满意度和忠诚度至关重要。科技型中小企业可以采取各种策略，如提供优质的客户服务、定期沟通和个性化的对待来实现这一目标。

第五，价值配置。价值配置涉及产品或服务的设计和组合，以确保它们能够提供所承诺的价值。这包括如何组织资源、活动和合作伙伴来实现产品或服务的交付。

第六，能力。科技型中小企业需要适当的资源和能力来支持其商业模式。这可以包括物理资产、知识资产、人力资源和技术。这些资源是实现价值主张所必需的。

第七，合作伙伴网络。合作伙伴网络涉及与其他组织或科技型中小企业建立合作伙伴

---

① 苏雪晨. 科技型中小企业商业模式创新研究［J］. 大众科技，2017，19（6）：143.

关系，以共同推动商业模式。这可以包括供应链合作、战略联盟、技术合作伙伴等。

第八，成本结构。成本结构是科技型中小企业为实现其商业模式所需的费用和支出的描述。这包括固定成本和变动成本，以及资源的管理和成本优化策略。

第九，收入模式。收入模式定义了科技型中小企业如何实现盈利，包括定价策略、销售方式和收入来源。不同的行业和市场可能采用不同的收入模式。

这九个要素相互关联，共同构建了一个综合的商业模式，决定了科技型中小企业的竞争力和盈利能力。有效地管理和优化这些要素对于企业的成功至关重要。在不同的行业和市场中，这些要素的重要性和影响程度可能有所不同。因此，科技型中小企业需要灵活地调整其商业模式，以适应不断变化的市场环境和客户需求。在今天的商业世界中，创新和灵活性是成功的关键。科技型中小企业需要不断地评估和调整其商业模式，以适应市场变化，并确保它们能够持续提供有价值的产品和服务。同时，科技型中小企业还需要保持与客户和合作伙伴的良好关系，以建立可持续的竞争优势。综上所述，商业模式的九要素是科技型中小企业成功的基石，它们需要精心设计和管理，以实现长期的可持续发展。

二、科技型中小企业商业模式的创新演化

科技型中小企业的商业模式创新是在不断变化的科技和市场环境中，为了保持竞争力和可持续增长而进行的不断演化的过程。

第一，从静态到动态。传统的商业模式通常是静态的，它们被认为是固定的和不可变的。然而，在科技型中小企业中，商业模式必须具有灵活性和适应性，以应对市场的不确定性和快速变化。这意味着企业需要不断审视和调整其商业模式，以适应新的机遇和挑战。商业模式的创新已不再是一次性的事件，而是一个连续的过程。企业必须定期评估其模式，并根据市场和技术的演化进行调整。

第二，从单向线性思维到综合与交互行为。在过去，商业模式通常是建立在单向线性思维的基础上的，企业通过提供产品或服务来获得收入。然而，现代的科技型中小企业更倾向于采用综合与交互行为的商业模式。这意味着企业不仅仅提供产品或服务，还与客户进行更深入的互动，提供增值服务和解决方案。例如，许多企业采用订阅模式，不仅提供产品，还提供定期更新、技术支持和培训。这种综合与交互行为的商业模式有助于建立更紧密的客户关系，并提供更多的价值。

第三，从竞争到合作。传统商业模式强调竞争，企业之间竞相争夺市场份额。然而，科技型中小企业越来越意识到合作的重要性。合作可以帮助企业扩大其市场份额，减少风

险，共享资源和知识。例如，许多科技型企业参与生态系统，与其他企业合作，共同开发解决方案。这种合作不仅有助于创新，还有助于降低成本和提高效率。因此，从竞争到合作的转变是科技型中小企业商业模式创新的一个关键方面。

第四，从重视资源单向配置到重视资源整合。在过去，企业通常认为资源有限因而需要谨慎分配。然而，现代的科技型中小企业更倾向于将资源视为一种需要整合的资产。资源整合意味着企业要更灵活地利用内部和外部资源，以满足不断变化的市场需求。这可能包括与合作伙伴共享资源，如人才、技术和设施。通过重视资源整合，企业可以更好地适应市场的需求，并更快地创新其产品和服务。

总之，上述变化有助于企业在竞争激烈的市场中取得成功，并保持创新的竞争优势。因此，科技型中小企业应积极迎接这些变化，不断调整其商业模式，以适应不断变化的商业环境。

第四节　技术创新的完善策略

一、科技型中小企业技术创新的动力机制

科技型中小企业是技术创新的主体，它对技术创新的热情、投入和所付出的努力决定国家的技术创新能力。科技型中小企业技术创新的动力机制特点包括：①能动性。企业作为技术创新的主体，具有积极主动的持久的创新要求和创新冲动。从而形成强烈的创新意识。其创新意识是创新活动的前提，只有形成积极主动的创新意识，才能不断地创新，以适应外部环境的变化。②整体性。技术创新各动力要素相互联系，相互制约，形成一个有机整体。动力机制的形成和运行以各动力要素的动能为基础，各动力要素功能的发挥又有赖于要素之间的整体协调。③相关性。动力要素之间相互联系和作用产生一种功能放大现象，技术创新活动的开展会使动力要素间产生反馈效益，从而推动创新的持续进行。

改革开放释放出了众多的市场机会和政策机会，科技型中小企业为获得近期经济利益最方便的途径，就看能不能获得和掌握政策机会或市场机会。这种"机会导向"的明显特点是各个企业纷纷寻找政策的空当进行公关、针对市场热点进行排浪式重复投资。为促使企业成为技术创新的主体，国家已经和正在制定一系列鼓励政策，这充分表明国家促进企业技术创新的决心。为此，政府要通过实施一系列有效政策，强化企业技术创新动力机制。重要的是必须改变政府对企业的直接干预和克服国家所有权实质性缺位的弊端，使企

业真正成为独立的市场竞争主体，将目标集中于投资回报，对市场信号有能力作出有效反应。

科技型中小企业技术进步关键是创新动力。只有解决了创新动力问题，企业才可能积极培育自身的创新能力，认真解决好创新运行中的一系列问题。因此，研究和建立企业技术创新动力机制至关重要。科技型中小企业技术创新动力机制，指企业在运行过程中，重新组织诸生产要素，实行技术创新的持续不断的内在要求与适应外部环境变化的外在要求之间的互动关系的总和。

二、数字技术推动科技型中小企业技术创新发展

随着数字技术的迅速发展，科技进步成为推动金融创新的重要力量。金融业的服务模式也在不断演进，出现了——普惠金融，又称"包容性金融"。

（一）数字普惠金融的优势与作用

1. 数字普惠金融的优势

（1）覆盖区域广泛，深入推进基层。数字普惠金融立足我国基础通信设施覆盖广泛的优势，依托各类先进数字技术，最大限度地突破金融机构布局的地域限制，实现普惠金融向基层的深入配置。

（2）服务效率提高，服务成本低廉。一方面数字普惠金融通过数字技术实现线上网点覆盖，极大降低敷设线下网点的人力成本、物资成本与场地成本，节省了金融机构的整体成本，从而降低金融服务成本。另一方面数字普惠金融可以通过运用5G、大数据、区块链等数字技术，迅速分析企业在互联网沉积下来的多维软数据，对业务风险和企业需求进行识别、判断、评估和报告，缓解供需两端的信息不对称，从而提高金融服务效率、降低服务成本，甚至有望突破普惠金融的"不可能三角"。

（3）服务对象普遍，增强普惠效应。数字普惠金融是科技与金融的协同产物，在大数据、人工智能等技术的加持下，不仅降低取得传统金融服务的门槛，而且催生出了第三方支付平台、众筹平台等新兴业态，真正实现服务大众的普惠目标。

2. 数字普惠金融的作用

数字普惠金融为中国经济发展带来了新机会，数字普惠金融的发展不仅在宏观层面促进了经济的发展，而在微观层面上也激发了各经济主体的活力。

（1）数字普惠金融对企业技术创新有显著的促进作用，且这种促进作用是针对企业创

新全过程的。数字普惠金融是数字技术与普惠金融协同发展的产物，能够在现有的金融市场中提供平等、有效、灵活的金融产品和服务，促进金融市场风险分散和价格发现功能的实现，对其他行业产生技术溢出效应，从而对企业技术创新的全过程产生促进作用。具体而言，一方面，数字普惠金融业内所蕴含的先进管理经验与技术手段，对重视科技创新的科技型中小企业具有示范扩散效应；另一方面，数字金融能够低成本处理海量信息，有利于冲击大型商业银行等金融机构的垄断地位，从而促进资源的合理配置。此外，数字普惠金融促进了产业侧的创新发展，而产业侧的高效发展又反过来推动了金融的可持续发展，形成金融侧与产业侧的良性互动。

（2）从理论层面分析数字金融对企业技术创新的影响机理发现，数字普惠金融能够通过缓解企业融资约束与提高企业创新市场化效率，进而影响企业技术创新。数字普惠金融能够补充金融市场增量，优化金融市场存量，使原本面临严重融资约束问题的企业有可能在改善外部融资约束的基础上降低融资费用，增大研发投入，为技术创新活动的开展提供便利条件。在创新的市场化产出阶段，数字普惠金融能够利用各类信息技术，引导科技型中小企业精准捕捉市场需求进行有效创新，进而为企业开展精准营销奠基，有效提高了创新产品与服务的市场化效率。

（3）数字普惠金融对科技型中小企业技术创新的影响具有企业异质性及地区异质性。首先，针对产权进行异质性研究发现，与国有企业相比，数字普惠金融对非国有企业的技术创新全过程的驱动效应都更强。其次，针对企业规模进行异质性研究发现，数字普惠金融对较小规模科技型中小企业的研发投入与实验室研发水平提升更强，而对较大规模科技型中小企业的市场化产出的提升更强。最后，针对地区进行异质性分析发现，数字普惠金融能够更有效地推动地区科技型中小企业的技术创新水平。

（二）数字普惠金融的影响

1. 直接影响

数字普惠金融是科技和金融协同创新下的产物，以各类数字化技术为实现条件，通过对各类数据的精耕细作，一定程度上矫正了传统普惠金融中的高风险溢价和高运营成本问题，为在现有金融体系覆盖不足的金融市场中提供平等、有效、全面的金融产品和服务，促进金融市场风险分散和价格发现功能的实现，能够对其他行业产生直接的技术溢出效应。

（1）数字普惠金融脱胎于先进活跃的管理思维与高效创新的"大、智、移、云"等先进的数字化技术，其蓬勃发展能够促使金融行业之外的其他企业学习吸收其管理经验，特别是重视科技创新的科技型中小企业，从而利用示范扩散效应提升中小企业的技术创新水平。

（2）信息技术是数字普惠金融的依托，也是提高金融中介信息搜寻能力的重要工具。在信息技术的助力下，降低不同行业、企业、个人海量数据的抓取、整合与处理的成本，加快了不同主体之间信息匹配，从而对科技型中小企业进行更准确的风险评估，融资过程中风险与信用情况更能得到有效把控。移动支付等带动数字普惠金融兴起，对传统金融行业的支付结算和存款业务产生了较大冲击，有助于消除金融行业的垄断，促进社会资本的合理配置，加速对落后产能"去杠杆"，使得具有广阔发展前景和潜力的产业与科技型中小企业有条不紊地开展技术创新活动。这也就是所谓数字普惠金融能够在"资产配置效应"的驱动下，推动科技型中小企业开展创新活动。

（3）数字普惠金融的"普惠性"积极发挥作用，不仅能够为科技型中小企业提供精准有效的传统金融服务，而且可借助各类信息技术为特定企业主体，促进产业侧的创新发展乃至推动行业升级。而产业侧的高效创新发展，能够有效促进该区域的经济高质量发展，反过来又为该区域金融侧的可持续良好发展奠定了经济基础，达成产融两侧的双向互动、良性循环的最终目的。也即，利用"产融互动效应"提升企业的创新水平。一言以蔽之，数字普惠金融能够利用其示范扩散效应、资本配置效应与产融互动效应的有效性，增强企业创新动力，提高企业的技术创新水平。

2. 间接影响

数字普惠金融对技术创新各阶段的具体影响路径可能存在差异，科技型中小企业的技术创新可划分为三个阶段，即研发投入阶段、实验室研发阶段与市场化产出阶段。值得注意的是，三者并不割裂，研发投入阶段是实验室研发与市场化产出的基础，实验室研发是市场化产出的基础，市场化产出则是研发投入与实验室研发的终极目的。

（1）研发投入与实验室研发阶段。基于融资约束对企业来说，技术创新的各个阶段都非常重要，不存在孰轻孰重之分。但对金融机构来说，与各个阶段介入的风险性与回报性都有所不同。与技术创新上游相比，市场化产出阶段风险更低，取得经济补偿的可能性更强，因此金融机构更愿意在市场化产出阶段介入。

从技术创新的投入阶段直至实验室研发阶段，都不代表技术创新的成果顺利市场化。因此，在广泛存在信息不对称与委托代理问题的传统金融市场中，基于成本和风险的考虑，金融机构可能不愿意在技术创新的前两个阶段进行投资，而倾向于技术创新的下游阶段建立银企关系，从而使得技术创新前期比市场化产出阶段更容易面临融资约束的问题，深受融资约束桎梏之苦的企业，只能降低研发开支，削减研发人员，这就从根本上制约了企业技术创新。数字普惠金融的发展推动完善了金融市场，金融排斥现象能够受到抑制，缓解企业融资约束，为企业及时解困，从而提高企业技术创新水平。

与此同时，数字普惠金融能够拓宽科技型中小企业的融资渠道，覆盖更多尾部客群，补充金融市场增量。与传统金融相比，数字普惠金融通过运用多种新兴数字技术，P2P 网贷、供应链金融、无接触银行等新兴金融业态，极大降低金融服务门槛，拓展了金融服务覆盖范围。此金融机构根据科技型中小企业的经营场景与企业特征，结合企业客户的资金用途与风险偏好，可以设计差异化的金融产品与服务。这种多样化的、个性化的定制金融产品和服务可以精准满足企业的融资需求，有效缓解企业的融资约束。

此外，数字普惠金融的发展还可以大幅度提高金融服务效率，降低企业资本成本，优化金融市场存量。一方面，数字普惠金融围绕企业的履约意愿和履约能力，广泛并有效地采集、治理和加工企业在资金信息流（支付宝等第三方支付平台）、交易信息流（淘宝、天猫、京东等电商平台）、物流信息流（菜鸟裹裹、丰巢等物流平台）与社交行为信息流（社交平台）等上沉淀的大量数据。同时，利用区块链可溯源、不可篡改等特性，将治理加工后的有效数据上链记录、存储，在保证数据可信的基础上实现物流、资金流、交易流与社交行为流的四流合一。金融市场可以基于链上存储的真实交易数据与物流数据等多维数据进行综合建模，在几个小时甚至更短时间内完成对科技型中小企业的评估授信。整个信用评估机制主要借助大数据、区块链和图谱分析等金融科技完成，在降低服务成本、提升服务效率的同时，实现智能风控，科技型中小企业也可以避免时间成本的发生。

另一方面，普惠金融在数字技术的加持下，为过去缺乏正式金融信息与有效抵押资产的科技型中小企业，提供了一条指向避免信息不对称带来的逆向选择与道德风险问题的新路，即使用票据等反映企业日常经营数据的信息载体作为重要的信用抵押品以取得融资，从而让科技型中小企业享受精准有效的信贷服务。因此，数字普惠金融的发展能够有效缓解企业融资约束，及时解困惠企，促使企业不再因创新投资而掣肘，有助于激发企业的活力创新。

（2）市场化产出阶段。基于市场化能力，在企业安稳度过研发投入与实验室研发阶段之后，研发产生的新技术已经相对成熟。此时的投资风险性已经大幅下降，创新成果的变现能力得到相对保障，因此金融机构更愿意对已有相对成熟技术的科技型中小企业展开投资。从创新过程视角来看，研发投入阶段与实验室研发阶段只是技术创新的基础性工作，并不能保证技术创新一定能为市场所接受，只有在下游阶段，创新产出大规模市场化才能获得直接经济来源。市场化产出阶段的创新风险性有所降低，回报保障性有所提高。

数字普惠金融的技术基础能够助力企业广泛并有效地采集、治理和加工企业在各类服务平台上沉淀的大量数据，包括资金信息流、交易信息流、物流信息流与社交行为信息流，助力企业有效把握市场需求与创新需要，为企业精准营销提供重要支撑，促进创新成果被市场真正接受，以实现大规模市场化取得经济回报。同时，在数字普惠金融作用下，广大科技型中小企业积极参与技术创新的上游阶段，能促进社会创新氛围的顺利形成，在企业之间的良性竞争之下，不仅能增强创新成果的市场接受度，更能增强创新成果的社会认可度，助力创新产出的顺利市场化。另外，数字普惠金融能够实现企业与目标客户间的有效衔接，有助于企业动态、及时地掌握消费者需求及行业竞争情况，从而引导企业创新方向，进而提高创新成果的市场化产出。支付宝、微信等第三方支付平台是我国数字普惠金融的发展前锋，发展水平位于世界前列，有利于企业近距离联系消费者群体，既能扩大自身知名度，巩固品牌地位，又能深刻了解消费者需求，增加消费者黏度。

（三）数字普惠金融的推动策略

第一，继续支持数字普惠金融发展，大力支持技术开发，夯实技术基础。上文的实证结果表明，数字普惠金融具有显著的技术创新效应，能够在全过程促进企业的技术创新。与传统普惠金融相比，数字普惠金融发展迅速，打破了地域桎梏，其技术溢出效应有效加强了地区的数字服务支持基础，在提供多层次、低风险、高效率的灵活金融服务方面具有显著优势。因此，为了落实创新驱动战略的实施，优化企业技术创新的全过程，仍需要进一步提高技术水平，助力数字金融的服务深化与数字服务支持度。

第二，改善制度环境，构建市场导向、企业主体、产学研深度融合的技术创新体系。政府一方面要鼓励大型商业银行、担保机构等传统金融机构，积极响应国家政策，发展数字普惠金融业务，开发因地制宜的数字普惠金融产品和服务，疏通资金流转；另一方面，政府要鼓励科技型中小企业携手金融机构，共同构建基于大数据的产学研深度融合的服务平台，并借助平台效应，实现科技型中小企业与平台主体建立长期稳定的技术与资源联系，以便快速准确挖掘市场信息，推动创新产品的市场化效率。

第三，推动金融资源的合理配置，增强非国有企业与中西部地区企业的活力创新。各级政府应着力优化非国有企业与中西部地区企业的创新资源，引导企业所需的技术、知识、信息、经验、资金、基础设施等各种创新资源流向传统上处于弱势地位的科技型中小企业，加快数字普惠金融在中西部等发展水平较低地区的服务深化与数字化建设。

第四，完善数字普惠金融监管体系，与数字金融的发展相匹配。数字普惠金融充分发挥创新促进效应的前提是建立完善有效的监管制度环境，我国有必要不断完善社会主义市场经济体制，运用科技手段建立健全监管体系，加强对信息泄露、非法利用隐私信息、危害金融安全等不法行为的惩戒力度，营造公平公正的市场环境；同时，监管部门也应注意保持审慎的管理原则，既不能"乱作为"，过度干预金融市场，导致效率降低，也不能"不作为"，放任数字普惠金融自由发展，诱发金融乱象。

第五节　迭代创新的有效策略

迭代是指重复反馈过程的活动，其目的通常是逼近所需目标或结果。创新环境的变化促使科技型中小企业的创新模式也随之发生了改变，不再追求一次性取得重大突破，而是在不断迭代的基础上实现持续创新绩效的"迭代创新"，就是在此背景下新出现的创新模式。迭代创新是一种"小而快"的创新模式，它每一次创新的改变程度没有突破式创新大，但其通过快速不断的迭代，可以帮助企业实现持续性的创新绩效。迭代创新以满足客户需求为导向，并基于与客户互动获取到的产品或服务反馈意见，采取快速试错、持续改进的开发方式不断迭代、完善产品和服务。

一、科技型中小企业迭代创新的意义

第一，提高产品和服务质量。科技型中小企业通过不断的迭代创新，中小企业能够改进其产品和服务。这意味着产品变得更加可靠、性能更强、功能更多样化，从而满足客户的需求。这有助于提高客户满意度，增强品牌声誉，并促进业务增长。

第二，降低生产和运营成本。迭代创新还可以帮助企业发现更有效率的生产和运营方法。通过采用新技术、优化流程和改进供应链，企业可以降低成本，提高盈利能力。这对中小企业来说尤为重要，因为它们通常资源有限，需要更有效地管理资源。

第三，增强市场竞争力。市场竞争激烈，科技型中小企业需要保持竞争力，才能在竞争中生存下来。迭代创新可以帮助企业不断改进产品，满足市场需求，与大型竞争对手竞争，甚至领先。这有助于中小企业在市场中占有一席之地。

第四，拓展市场份额。迭代创新还可以帮助企业开拓新市场。通过不断改进产品，科技型中小企业可以满足不同市场的需求，并吸引更多的客户。这有助于扩大市场份额，增加销售额，实现业务增长。

第五，适应变化。商业环境经常发生变化，如技术进步、法规变化、市场趋势等。迭代创新使企业能够灵活地适应这些变化，快速调整策略和产品，以满足新的需求和挑战。这有助于中小企业在不断变化的环境中生存和茁壮成长。

第六，吸引投资和合作伙伴。具备强大的创新能力的中小企业更容易吸引投资和合作伙伴。投资者通常寻找潜力巨大的企业，而合作伙伴愿意与具有创新潜力的企业合作，以共同实现成功。迭代创新使企业在这两个方面更具吸引力。

总之，科技型中小企业迭代创新具有重要的意义，因为它可以提高产品和服务质量，降低成本，增强竞争力，拓展市场份额，适应变化，并吸引投资和合作伙伴。这些因素共同促进了中小企业的可持续发展和成功。中小企业应将迭代创新作为战略的核心，不断寻求改进和创新的机会，以在不断变化的商业环境中脱颖而出。

二、科技型中小企业迭代创新的影响因素

（一）效果逻辑

效果逻辑，是推动科技型中小企业迭代创新机制形成的重要驱动因素。效果逻辑会正向影响科技型中小企业迭代创新，效果逻辑是科技型中小企业迭代创新的底层认知驱动因素。

效果逻辑的特性之一是具有灵活性，注重从意外事件中发现新的机遇，并且将新的信息视为重要的资源，这可以促进科技型中小企业环境感知能力的提升；效果逻辑注重发挥和利用员工的个人知识和先前经验，企业内部会形成一个交流学习平台，并且会及时地利用新发现和新成果，这可以提高科技型中小企业的学习吸收能力；效果逻辑常常通过对企业现有资源进行创造性的组合去开发新机会，强调合作导向，与顾客、供应商、竞争对手建立合作关系，这可以提升科技型中小企业的资源整合能力；效果逻辑注重评估所拥有的社会关系网络，并积极利用其去创新，业务和商业模式也会随着目标和创新活动的变化不断调整，这可以提高科技型中小企业的组织重构能力。

（二）动态能力

动态能力会促进企业迭代创新战略成功，而且是企业迭代创新战略成功的支撑条件。动态能力对科技型中小企业迭代创新有积极影响，可以帮助企业在内外部环境不断变化的情况下动态调整企业的资源和能力，克服环境依赖和资源约束，使之与迭代创新进程相匹配。因此，科技型中小企业在有了效果逻辑组织认知之后，还应该大力培养开放的、动态的、灵活的动态能力。构建动态能力可以从重塑企业文化、设计科学合理的激励制度、完善创新体系和强化组织学习机制等方面做起。

总之，动态能力在效果逻辑与科技型中小企业迭代创新之间起部分中介作用。所以，效果逻辑是通过动态能力作用于科技型中小企业迭代创新的，具体而言，是因为认知在对

行为起驱动作用时还会有能力在其间起到中介作用。因此，科技型中小企业应充分重视动态能力对其迭代创新的重要作用，特别是在效果逻辑对科技型中小企业迭代创新的影响过程中，动态能力发挥着不容忽视的作用。

三、科技型中小企业迭代创新的有效策略

第一，紧密关注市场需求。科技型中小企业要成功实施迭代创新，首要任务是紧密关注市场需求。这意味着了解客户的需求和偏好，以及市场趋势。科技型中小企业可以通过市场研究、客户反馈和竞争分析来获取这些信息。了解市场需求有助于企业明确产品或服务的发展方向，确保迭代创新是有针对性的，以满足客户的实际需求。

第二，建立灵活的组织文化。迭代创新需要企业具有灵活性，能够快速适应变化。为了实现这一点，科技型中小企业应该建立一种鼓励创新和快速实验的组织文化。这包括鼓励员工提出新想法、允许小规模试验和快速决策，以及接受失败作为学习机会的态度。灵活的组织文化有助于科技型中小企业更好地适应市场变化和客户需求的变化。

第三，建立合作伙伴关系。合作伙伴关系可以帮助科技型中小企业加速迭代创新的过程。与其他企业、研究机构或初创企业建立合作伙伴关系可以为企业提供新的资源、知识和技术，促进创新的发展。这些合作伙伴还可以共同开发新产品或服务，共担风险，并分享成果。建立有效的合作伙伴关系可以扩大企业的创新能力，加快市场推出速度。

第四，投资于人才培养。人才是科技型中小企业成功的关键因素。企业应该投资于员工的培训和发展，以确保他们具备必要的技能和知识来支持迭代创新。此外，企业还可以招聘具有创新精神的人才，他们可以为企业带来新的思维方式和创新观点。通过建立一个有才华的团队，科技型中小企业可以更好地实施迭代创新策略。

第五，设立创新团队。为了推动迭代创新，科技型中小企业可以设立专门的创新团队或部门。这个团队的任务是监督和推动创新项目，确保它们按计划进行。创新团队可以与其他部门合作，协调资源分配和创新活动。此外，他们还可以负责管理创新项目的风险和回报。创新团队的设立有助于确保创新是有组织的、有重点的，同时也有助于推动创新文化的建立。

第六，监测和评估。迭代创新是一个持续的过程。科技型中小企业应该建立监测和评估机制，以确保创新项目按计划进行，并取得预期的成果。这包括定期审查项目进展、评估项目的成功度和采取必要的措施来调整方向。监测和评估有助于科技型中小企业及早发现问题，并采取纠正措施，确保创新项目取得成功。

第七，保持开放的心态。科技型中小企业要保持开放的心态，愿意接受反馈和改进。创新是一个不断试验和学习的过程，而不是一成不变的方案。企业应鼓励员工提出新的想法，允许失败，并将失败视为学习机会。通过保持开放的心态，科技型中小企业可以不断改进创新策略，适应市场的需求和变化。

第五章
科技型中小企业创新绩效的影响研究

第一节　政治关联对创新绩效的影响

科技型中小企业创新绩效是指通过采取创新行动，将其转化为创新绩效并带来收益。通过采用新的理念和新的管理方式，企业可以改善其初始的生产效率，提高创新效率，最终促进其发展目标。政治关联，是指企业与拥有政治权力的个人之间形成的隐性政治关联。

一、政治关联对科技型中小企业创新绩效的作用

（一）促进作用

第一，资源获取。政治关联为科技型中小企业提供了获得创新所需资源的机会。这些资源包括研发补助、政策信息以及其他形式的支持。政府在促进科技创新方面通常有一定的资源分配能力，而政治关联可以帮助科技型中小企业获取这些资源，从而加速其创新进程。政府的研发资金、税收减免和其他政策支持都可以通过政治关联渠道得到更多的机会。

第二，缓解资源。科技型中小企业通常面临资源有限的挑战。创新需要资金、人力、技术和市场等多方面的支持，而政治关联可以为科技型中小企业提供一种获得这些资源的途径。在政治关联的支持下，企业可以更容易地克服资源问题，提高其创新绩效。

第三，提升创新绩效。通过政治关联获得的资源和支持可以显著提高科技型中小企业的创新绩效。企业可以加速研发进程，提高产品质量，拓展市场份额，从而实现更高的创新产出。政治关联对创新绩效的促进作用不仅有助于企业的竞争力，还对整个经济产生积极影响。

（二）营商环境下的作用

营商环境是市场主体在准入、生产经营和退出等过程中涉及的政务、市场、法治、人文环境等外部综合条件。一个健康的营商环境对科技型中小企业的发展至关重要。其中市场监管、政府治理、产权保护和金融市场等因素在塑造营商环境方面发挥重要作用。

在营商环境不完善的地区，政治关联可以作为市场的一种非正式替代机制，帮助科技型中小企业获取资源，促进创新。政治关联可以为科技型中小企业提供政府支持，降低市场准入障碍，并提供政策信息，帮助科技型中小企业更好地应对环境不确定性。

为了促进科技型中小企业的创新，政府可以采取一系列措施。政府应构建规范、有序的政商交流平台，为科技型中小企业提供公开透明的政府信息和相关资源。这有助于消除信息不对称，缓解科技型中小企业的资源困境，正确发挥政治关联对企业创新的促进作用。

二、政治关联对科技型中小企业创新绩效的优化策略

（一）合理利用 CEO 政治关联

企业高层管理人员（董事长、CEO、董事）及大股东拥有在政府部门、人大、政协、军队等任职的经历，或者通过公益事业及人际关系网络建立的与政府的关系等，综合来看，企业的政治关联不仅仅涉及政府与企业的关系，还包括党组或军队等，是一个复杂综合的网络关系。CEO 政治关联是指担任 CEO 或兼任 CEO 的高管现任或曾任各级人大代表、人大常委或政协委员、政协常委，以及各级政府部门官员等。CEO 合理利用政治关联资源的对策如下。

1. 政策层面

（1）加强政策引导扶持企业创新发展。政府要充分发挥自身的统筹管理职能，深刻贯彻落实创新驱动发展战略，加强政策的引导，切实扶持企业进行创新发展。

第一，政府要从政策角度出发，建立公平公开的创新优惠和企业扶持政策，使其能够服务于经济建设和经济发展，为企业创新提供有效的支持和保障。一方面，发挥政府的统筹和引导作用，通过制定有吸引力的创新政策引导企业开展科创研发活动，执行积极的优惠措施和补助标准，切实为企业进行创新研发提供支持，增强企业的创新研发活力；另一方面，在实施支持企业创新的相关措施时，要坚持公平、透明，严格把控政府资源的分配机制，保障企业切实获得政府补助资源。

第二，可以制定差别化的激励政策，根据企业的异质性制定有针对性的政策，并充分尊重企业的特性，针对不同的企业制定差异化的政府财政补助、税收优惠等激励政策，精准实现政策对促进企业技术创新的激励作用，全面激发企业的技术研发潜力。根据不同企业的规模和行业类型有针对性地制定相关创新激励政策，有效细化政策的落脚点；对企业的研发成果进行奖励，针对专利类型分别指定奖励标准，对企业新增加的发明专利、实用新型专利和外观设计专利进行政策奖励；同时对于研发周期长的创新活动，加大政府补贴的时间跨度和补贴力度，按照研发周期分次发放政府补贴，而对初始投入较大的创新活动，在活动初期一次性发放补贴。

第三，政府通过政策扶持和媒体报道释放政府重视科技创新的信号，提高企业对科技研发的重视程度，引导企业进行研发投入，促进企业进行创新发展活动；且同时加强推动创新成果的推广，对于引进相关创新研发产品的企业推行税收优惠政策，推动创新研发供应链的形成，促进创新研发成果切实落到实处，激励企业创新发展。

（2）完善市场环境激励企业自主创新。市场对产品需求的多样化能够促使企业不断进行科技研发和技术创新，通过市场导向促进企业开展可持续性的创新研发活动，引导企业进行科创改革和技术创新，支持和鼓励科创产品。

第一，构建优质市场环境，全面营造科技研发和技术创新的氛围，维护科技创新带动企业发展的良性循环；同时保障市场环境的公平公正，促进企业进行公平的市场竞争，在市场竞争中激发企业的自主创新能力。

第二，加强并完善法治环境，营造适合企业创新的发展空间，全面激发市场活力，对企业的创新研发成果给予充分的产权保护，保障企业创新研发活动的产出和收益，提高企业进行研发创新的积极性。创新研发活动的周期长、投入大，仅靠企业自身力量进行研发创新需要花费大量的人力物力，对于小规模企业来说，研发创新活动的风险性更高，因此通过构建研发创新产业链和供应链，建立具有政府保护的交流合作平台，一方面加强研发创新企业的交流与合作，推动研发成果的推广和使用；另一方面发挥企业集群效应，促进创新资源的效率最大化。

第三，在市场和行业内营造科技创新氛围，增强企业自主创新意识，引导企业从被动开展创新到自主创新研发，关注市场需求，以市场需求带动技术创新发展，使企业能够充分利用市场活力开展科创研发活动，有力促进企业创新发展。

（3）建立监督机制保障企业创新效果。政府要加强对创新政策的监管，保障政府的扶持政策能够得到合理运用，切实促进企业创新。研发创新是一项长期活动，对于政府的创新优惠和补贴政策，不仅仅要保障当下能够为企业带来创新补贴，也要实际保障能发挥其真实的实施效果。

第一，加强对政策实施和补贴发放的监督，在进行创新政策扶持时，要确保企业能够合理合法地获取政府补助资格，真实获得政策扶持的助力，保障企业创新项目的持续开展和实施；同时，保障创新扶持政策公平公开，保障符合政策条件和需要补助资源的企业都能够获得政府相关的支持，注重提高政府补助资源的利用效率。

第二，相关部门也要监督创新相关扶持政策的实施效果，监督政府补贴的真实流向，保障扶持政策落实到位，发挥创新扶持政策在支持企业创新发展方面的最大效用。

第三，强化创新补助政策的事后监督，了解创新活动开展进程，监督创新补助资源的发放和后续使用，以及补助资源的实际用途和使用情况，保障补助资源能够得到有效分配和利用，切实促进企业创新活动的开展与实施。在研发成果保护方面，加强专利使用权的监督与保障，维护企业专利成果的合法权益，监督专利成果的合法使用。

2. 企业层面

（1）合理运用政治关联资源扶持优势。"企业和政府应当相辅相成，合理利用政治关联，促进企业社会责任表现的长远发展。"[①] 因此，企业在构建高层管理者的政治关联关系时，需要结合企业自身实际经营状况进行分析，综合分析政治关联关系可能带来的相关收益与相应成本进行判断。

第一，企业合理运用政治关联关系，使其能够服务于企业发展。企业需要抓住政治关联关系的"扶持之手"，紧跟政策趋势，重视企业自身的发展规划，积极主动进行企业创新发展和战略转型来适应市场竞争，切实提高企业的综合发展能力和全面建设，提升企业市场竞争力。

第二，企业应该将政治关联关系所带来的临时优势转化为自身长期发展能力，利用政治关联带来的资源优势和政府补助，通过加强企业创新获得发展优势，提高研发效率以及创新能力，注重企业内部创新活动的开展和建设。

第三，企业要树立正确的政治关联关系的价值观，合理合法地建立高层管理者的政治关系，积极响应国家发展战略和政策措施，遵循国家经济建设的总体发展规划；同时企业要考虑自身发展状况和发展优势，且在构建企业外部资源优势的同时，注重企业内部的发展规划和自身建设，综合提高企业可持续发展能力。

（2）提高企业政治关联资源利用效率。高管在建立政治关联联系时，要了解政治关联关系可能带来的收益，以及维系政治关联所需承担的成本，根据自身实力和发展状况进行

---

①陈颖. 财务绩效、政治关联和企业社会责任表现 ［J］. 甘肃金融，2022（11）：37.

考虑。在已经具有政治关联关系的企业中，CEO 在合理利用政治关联扶持效应的同时，也要注意规避政治关联带来的掠夺效应，最大化发挥政治关联的优势，促进企业发展；同时，CEO 和管理层要根据企业自身实际发展需求和市场发展方向，制定符合企业发展战略的创新投资决策，避免由于政府寻租行为而对企业创新战略决策产生影响。

此外，CEO 和高管要关注政策动向，顺应政府发布的各项发展政策和扶持措施，利用相关政策优惠为企业长期发展创造空间，充分发挥 CEO 政治关联所带来的资源优势，提高资源的利用效率，对 CEO 政治关联带来的资源进行整合，并将其转化为创新绩效，提高企业的核心竞争力。

（3）加大研发投入提高创新发展能力。研发创新活动离不开资金的支持，企业通过增加研发投入能够有效增强企业的创新产出。因此，企业要重视创新活动，在企业可承受范围内，加大研发投入力度，通过创新研发增强企业发展能力和市场竞争力。虽然企业能够通过政治关联关系获得暂时的支持，但企业的长期稳定发展仍依靠企业自身的发展能力和实力。

第一，企业要增强对创新研发的重视程度，积极开展创新活动。一方面，企业要重视创新研发投入，合理加大企业创新研发的投入规模，发挥企业可支配资源的最大效应，将企业的资金转化为研发动力，促进企业创新研发活动的开展，增强企业产品与服务性能，提高企业创新实力和市场竞争力；另一方面，要重视研发人员投入，人才是支撑企业开展创新活力的重要资源，企业要积极吸引高质量人才，通过给予具有竞争力的福利待遇吸引人才资源，并积极发挥人才的优势，在工作中构建良好的工作环境和工作氛围，给予研发人员工作上的支持，激励研发人员的积极性，将人才的知识转化为发展动能，提升企业创新活力和竞争力。

第二，企业要加强对研发投入的管理，以及对创新活动的监督，在加大研发活动投入的同时，也要加大对研发投入及资金的管理，监督研发投入资金的使用，提高研发资金使用效率，切实保障企业创新活动的开展。

第三，企业要加强内外部资源整合，发挥政治关联带来的外部资源和财务绩效等内部资源的协同效应，提高资源利用效率，积极推动企业创新研发活动的开展，切实提高企业创新发展水平。

（4）树立创新意识提高自主研发动力。CEO 作为企业管理者，要支持企业创新发展，重视创新研发在提高生产效率和增强产品性能方面的作用。CEO 和企业高管要重视创新战略决策的制定，根据企业发展状况及自身资源条件合理进行研发投入，并重视企业内部与外部资源的整合，提升创新资源利用效率。

第一，CEO 等管理者应树立长期发展意识和创新意识，要着眼于企业的长远发展需求和长期发展规划，通过积极开展研发活动、加强研发投入，将企业财务绩效转化为创新活力，从而促进企业创新绩效，提高企业长期发展动力。

第二，CEO 等管理者要关注创新活动的各个环节，首先，在进行创新投资前要对研发项目进行考察，理性分析项目开展的可能性和发展潜力，关注市场发展动向选择具有发展潜力的创新项目；其次，在投资过程中要关注创新研发进度，监督资金的使用情况，提高创新研发的效率和创新成果转化率；最后，创新成果进入市场后，也要对已研发产品进行追踪和更新，跟踪了解企业研发成果的使用效果，提高企业产品与服务的市场满意度。

（二）解决融资问题

科技型中小企业通常面临着融资难的问题。政府可通过以下方式解决这一问题。

第一，市场化程度提升。政府应尊重市场在资源配置中的作用，提高国内金融市场的市场化程度。这将有助于降低融资的不确定性，提高企业获得融资的机会。政府可以通过制定更加市场化的融资政策来推动这一进程。

第二，直接融资市场的发展。政府可以推动直接融资市场的发展，为科技型中小企业提供更多的融资途径。直接融资市场可以包括股票市场、债券市场和风险投资市场等，这些市场可以为企业提供多元化的融资选择。

（三）完善营商环境

第一，减少市场干预。政府应适度减少对市场的干预，鼓励市场竞争。这可以减少科技型中小企业寻租的机会，促进资源的有效配置。政府的干预往往导致资源分配的不均衡，限制了市场的发展。

第二，高效金融市场化体系。政府可以建立高效的金融市场化体系，提供更加便捷高效的融资渠道。这将有助于科技型中小企业更容易地获得资金支持，促进创新。金融市场的市场化程度提高将鼓励金融机构更多地参与科技型中小企业融资，提供多样化的金融产品和服务，满足科技型中小企业不同阶段和需求的融资要求。

第三，产权保护。政府在产权保护方面也扮演着重要的角色。完善的产权保护体系可以提高科技型中小企业的信心，鼓励投资和创新。政府应加强知识产权保护，确保科技型中小企业的创新成果受到充分的保护，鼓励科技型中小企业积极投入研发活动。

第二节　社会网络嵌入对创新绩效影响

一、社会网络嵌入的理论概述

（一）社会网络理论

社会网络是通过主体之间的社会关系构成的相对稳定的社会体系，这里的主体可以是个人、组织，或者国家。社会网络理论自提出到现在，备受学者关注，各种成熟的观点不断将其完善。目前，国内外比较认可的社会网络研究的理论模式有：国外——市场网络结构论、强弱关系力量论、结构洞理论、社会资本论；国内——差序格局论、人情面子论。

第一，市场网络结构论。网络结构论将两个及以上行动者之间的关系看作一种客观存在的社会结构，不论何种关系都会对行为主体产生影响。市场网络结构论将个体按其社会关系差异划分为不同的网络，认为社会是由许多网络结构组成，不同的结构决定了行为主体不同的关系运作模式；注重分析的是行为主体之间的社会关系、嵌入性，关心社会资源的获取能力；同一网络中的生产经营者在信任关系的制约下，资源共享、互惠互利，维护市场秩序，延续商业往来。

第二，强弱关系力量论。弱关系在群体之间建立了纽带联系，充当了信息桥，分布范围广，相较基于深厚情感和信任基础上的强关系更能创造非冗杂的、例外的有用价值。强关系论学者认为信任的建立与维护依赖于行为主体长期的接触和交往，特别是在中国这样的体制社会中，强而有力的关系更能获得有效资源。

第三，社会资本论。个人可以利用自身的社会关系实现工具性目标；认为社会资本是积累人力资本的条件。林楠在前人的基础上厚实了社会资本论，将其与关系力量进行了联结，认为弱关系能得到更多的社会资本。

第四，差序格局论。基于中国传统的社会结构特征，"差序格局"被提出，认为中国的人际关系是以己为中心像涟漪一样，通过血缘关系和地缘关系为介质逐渐向外扩展，越靠近圈子的中心越能获得更多的权利和资源，家族式科技型中小企业则为典型的例子。

第五，人情面子论。建立在家庭成员之间的情感关系以情感法则处理；建立在家庭之外的亲戚、朋友、同学、同乡之间的混合型关系以人情法则处理；建立在以某种目的为出发点、不以建立长期情感性关系为基础的工具性关系以公平法则处理。

（二）嵌入理论

嵌入理论是新经济社会学研究的一个核心理论，嵌入性概念自提出以来就备受学者关注，科技型中小企业嵌入外部的内涵和机制对其最终绩效产出是存在正向影响的。嵌入是建立在两者之间相互支持和相互融合，随着行为主体所在网络与更大的外部网络相连，构成了完整的社会网络结构，使得各行为主体之间产生了基于经济的信任与互动，从而限制机会主义产生，保障交易顺利进行；嵌入还包括政治嵌入、文化嵌入、空间（地理）嵌入、市场嵌入、双边关系嵌入等。

随着嵌入内涵的不断丰富，与其相关的研究也逐渐变得规范、广泛、细致。主要可以分为嵌入客体、嵌入行为、嵌入效应影响因素三个研究视角。

第一，嵌入客体研究。嵌入客体是指被科技型中小企业所嵌入在外部社会结构中的各种经济行为和社会关系，如研究、采购、供应、融资、人际关系、文化交流等。

第二，嵌入行为研究。科技型中小企业经济行为的社会嵌入，并将这种嵌入细分为关系嵌入和结构嵌入。关系嵌入是指单个行为主体的经济行为嵌入与其他主体互动而形成的网络，旨在研究关系质量、关系强度和关系持久度对经济主体决策和绩效的影响。结构嵌入是指行为主体所在网络与其他网络相联系，并组成嵌入整个社会的网状结构，旨在研究网络规模、网络位置和网络性质对经济行为主体绩效的影响。

第三，嵌入效应。嵌入效应指的是与嵌入客体和嵌入行为相关的现象。这包括了认知过程中的身体模拟、感知模拟以及与环境互动时的认知变化。嵌入效应表明，我们的认知受到身体行为和环境的影响，这些影响可以影响我们的思考、决策和问题解决方式。

二、社会网络嵌入科技型中小企业社会网络的对策

第一，科技型中小企业应积极地融入外部社会网络中，充分利用外部资源以提高自身市场竞争力。随着科技型中小企业嵌入网络的不断扩大，网络中的知识越来越多，而科技型中小企业随着生命周期进行的技术演进不能只是单纯的对外界的知识进行吸收利用，还要经过识别、内化的过程，从而降低知识中间变量的作用，因此科技型中小企业在生命周期的过渡阶段，应提高对外界的知识的消化吸收能力，以充分发挥社会网络的功效。

第二，初创期的科技型中小企业应注重网络关系嵌入维度的加强。由初创期实证数据结果可知，关系嵌入维度各潜变量对初创期企业的作用效果最大。初创期由于科技型中小企业自主研发能力、市场等还不成熟，受到多方面因素的制约。处于此时期的科技型中小企业因精力、财力有限，应当有选择性地注重与同类型的技术过硬、较成熟的科技型中小

企业建立强的、较持久的网络关系联系，切记勿因广撒网而将应该用于研发的精力分散，通过与少而精的同质企业构建强联系的横向网络来获取知识，提高从外界获取的知识的利用率，快速地研发新产品占领市场，提高企业的市场地位以促进企业快速发展。

第三，成长期科技型中小企业应并重双重网络维度的构建。处于成长期的企业其各方面能力逐步成熟，单一的横向社会网络联系所能获取的知识已无法满足快速发展的需求。根据成长期实证研究结构，处于此时期的科技型中小企业除了要加强在横向网络中与其他企业之间的联系频率，还要主动去拓展与其有关联的纵向社会网络，即要逐步扩大其联系主体的异质性，构建以自身为核心的向四周发散的社会网络关系，提升科技型中小企业的网络中心性以期能更便捷地获得知识。此时期由于网络的急速扩张，所获得的知识成倍增加，从而增加了科技型中小企业对外界有用知识的识别难度，降低知识吸收转化对创新绩效的影响程度，此时期的科技型中小企业同样也要注意自身对知识内化能力的提升。

第四，成熟期科技型中小企业应注重结构嵌入维度的构建。科技型中小企业进入成熟阶段，不论其自主研发能力，还是市场应变能力等都有一套成熟的体系在运作。此时期的科技型中小企业，社会网络关系嵌入和结构嵌入对其创新能力的影响都具有显著的正向作用，而结构嵌入维度各潜变量指标变现出更为突出的地位。成熟期科技型中小企业需要通过与更多的不同类型的科技型中小企业进行联系，获取更多的异质信息来激发企业的创新思维，或者为进行多元化相关业务的拓展做准备。因此，企业在优化自身的结构嵌入时，可将更多的精力用于挖掘、占据结构洞位置，从而可以同时提高企业社会网络的中心性和异质性。

第三节　组织间学习对创新绩效的影响

一、科技型中小企业组织学习内涵与机理

随着知识经济时代的到来，组织外部环境的不确定性越来越大，组织需要不断提升学习能力，以应对快速变化的外部环境。因此，组织的学习能力逐渐成为重要的核心能力之一。组织学习是组织获得创新知识的重要途径，能够为组织适应环境变化和获得竞争优势提供基础知识，也能够为组织的快速发展提供源源不断的动力，即组织学习是组织竞争力的源泉。

（一）组织学习的观点

1. 系统和行为观点

系统和行为观点是指把组织看作一个系统，并且把组织对环境作出的反应看作组织的学习行为。组织学习是组织为了促进其长期效能和生存发展，在回应环境变化的实践过程之中，会对组织成员的根本信念、态度行为和组织结构安排所做的各个调整活动。同时，他们提出了四阶段学习模型，即发现、发明、执行和推广。

由于组织学习的目的是提高组织的核心竞争力和应对外部环境的变动，其强调在获取外部环境中的信息和知识的过程中来调整组织内部的学习活动。因此，组织学习是组织成员不断获取知识、改善自身行为和优化组织体系，以在不断变化的内外环境中使组织保持可持续生存和健康稳定发展的过程。组织学习的动力来自组织结构的重建，即组织学习被认为是组织应对内外部环境变化时所进行的组织重构活动。

2. 信息加工观点

信息加工观点是指组织对信息进行加工的过程，即对个体、团队与组织层次上的信息或知识进行加工的过程。部分学者认为组织学习是指组织通过对信息的加工处理来改变其组织成员的行为，即组织学习分为四个方面，即知识获取、信息发布、信息解释、组织记忆。组织学习就是将个人头脑中的有用知识进行提取和加工以及在组织内部放大的过程。

组织学习可理解为组织内个人、团队处理信息和调整其行为的过程、知识产权和对其进行加工的过程。具体包括知识生产、知识精练、知识促进和知识扩散四个过程，即组织学习是组织在围绕信息和知识的获取过程中而进行的包括个人、团体及全组织持续的创新活动。

3. 社会互动观点

社会互动观点是指组织中人与人之间的互动过程，并且人是组织学习的主体。组织学习是组织中人与人之间进行集体探索和实践的过程。组织学习是组织为了实现自己的愿景或适应环境的变化，在个体、团队、组织层和组织间进行的、不断产生和获得新的知识和行为，并对其进行解释、整合和制度化的循环上升的社会互动过程。

（二）科技型中小企业组织学习的内涵

组织学习是组织成员思想的统一、共识的达成以及行动的统一，并通过知识的固化形成组织记忆并存储于组织知识库中，以提高组织核心竞争力和适应环境的变化，进而提升组织绩效。组织记忆是一个信息获取与知识应用的过程。组织记忆分为程序记忆和陈述记忆。程序记忆是指组织关于完成某项任务的行为规范或操作步骤的记忆，如组织惯例、程序和行为规范，以及组织关于以往体验和经历的记忆；陈述记忆是指组织从经验中获得的一般知识，主要是显性知识。知识库是指某种结构化的、全面性的、有序组织的知识集群，即组织知识的集合。

从任意一个角度来看待组织学习，组织学习都应包括三个层次，即个人、团队和组织。个人学习是指个人不断获取知识和提升自身素质，以在不断变化的环境中使自己保持健康发展。团队学习是组织成员通过不断获取知识，成员之间互相帮助、共同合作和分享资源与知识，以达到优化团队体系，使团队能够健康发展。团队学习发生在组织成员之间正式或非正式的交流中，既可以是团队内成员之间的相互学习，也可以是不同团队成员之间的相互学习。组织学习是团队之间进行相互协调与合作，团队之间进行资源的共享，进而完善组织结构、制定组织战略；组织学习发生在团队之间正式或非正式的交流中。因此，在构建了三个层次的组织学习概念之后，我们对三者之间的关系有了整体的、更清楚的认识。个人学习、团队学习和组织学习三者之间是相互影响的，并且团队学习处于该关系的中间位置。个人学习是组织学习的基础，团队是组织学习的基本单位，个人学习既可以通过团队学习来影响组织学习，也可以直接影响组织学习，但前者是主要路径。团队学习主要是发挥群体效应，组织学习主要是发挥整合效应，这有益于学习的个人和团队，是组织高效学习的基础。

（三）科技型中小企业组织学习的类型

1. 根据学习深度划分

科技型中小企业组织学习，根据学习深度可划分为以下类型。

（1）单环学习。单环学习是指通过在一个既定的规则系统中检测并纠正错误来保持组织核心功能的正常运转，但纠正行为不触动组织规范本身，规范仍然保持不变。因而，单环学习可以在发现错误和纠正错误时，并且单环学习强调的是在组织目标确定的情况下，不断调整组织的运作及结果与已定目标进行比较，使二者更接近。

（2）适应性学习。适应性学习是指组织在能够反映自己所设定的环境和组织范围之内，保持组织规范和目标不变的情况下，组织发现错误和纠正错误的过程，即组织解决现有问题的能力。

（3）双环学习。双环学习是一种创造性学习，是组织学习的发展阶段，它能够对组织规范进行探索和重建，与这些规范相联系的策略和假定也需要重新制定，并将其根植在组织的影像和组织图中。而且双环学习的认知水平较高，当组织规范和假设受到质疑时，能够建立一套新规范，强调根据外界环境的变化来调整组织的目标，使组织目标能更好地反映外界的需要。再学习是指单环学习和双环学习在组织内重复。

（4）创造性学习。创造性学习是指组织在质疑其目标和能力的情况下，通过培养组织成员判断问题的能力，从而使组织具备适应未来变化的能力。

2. 根据学习内容划分

科技型中小企业组织学习，根据学习可内容划分为以下类型。

（1）内部学习。内部学习主要指基于组织自身的经验，组织成员在组织内部范围内产生和分享新知识，更加强调组织内部的交流和沟通，形成了知识创造的良好氛围和内部来源。

（2）外部学习。外部学习是组织通过其他组织的经验，由组织边界成员将组织外部资源和知识通过获取或者模仿的方式带入组织，并在内传播。

（3）利用式学习。利用式学习是指利用组织吸收现有知识、技术以创造新的知识。组织学习也可分为体验式学习和替代式学习，体验式学习是一种获取经验并把经验转换成知识和创造知识的学习过程，是从组织内部获取知识。

（4）替代式学习。替代式学习是指经过对别人的行为和行为结果的观察，获取相关信息后，将信息吸收并存储到记忆中，之后反映在自己的动作、行为、观念中，是从组织外部获取知识，主要采用模仿的手段。

（5）探索式学习。探索式学习是指组织对新知识、新技术的寻求和获取。

（四）科技型中小企业组织学习的影响因素

关于科技型中小企业组织学习影响因素的研究有很多，我们把这些因素分为内部因素和外部因素。外部因素主要指外界环境，它是组织进行组织学习的重要动力源泉之一。内部因素主要指个人层面、团队层面和组织层面的影响因素。环境动态性和环境竞争性是外界环境的两个主要特征。环境动态性是指环境改变的速度和不稳定的程度，对组织学习有明显的正向影响。因为动态的环境中充满更大的信息量，为组织提供新的机会和发展空间，保持组织知识更新与环境变化同步，持续进行组织学习和变革，使组织有效利用和适应环境变化。环境竞争性是指环境的竞争程度，以竞争者和竞争领域的激烈程度来衡量。竞争环境对组织目前的状况形成了挑战，从而激发组织快速通过对已有知识进行改善以应对环境变化。

1. 个人与组织层面因素

因为组织学习最终是要通过组织成员的经验和行动来实现，所以组织成员的个人因素是影响组织学习的基本因素，如个人声誉、个人共享意愿和个人社会地位等。在社会互动中，越是拥有良好声誉的组织成员，越容易得到别人的信任；成员对自己所拥有资源的共享意愿越高，越能够促进组织学习活动的开展；成员的社会地位越高，说明其影响力越大，对组织学习的促进作用越明显。

影响组织学习的团队因素主要包括组织中领导者的领导力、地位与权力关系等方面。领导者的领导力是影响组织学习的关键因素之一，分为变革型领导和交易型领导两种类型。变革型领导是指领导者通过激发下属高层次需求，在相互信任的氛围中促使下属为了集体利益而牺牲个人利益，从而达到和超越原来预期的目标，是挑战现状的组织学习。交易型领导是指领导者通过肯定员工的工作能力，使员工有工作方向感，并满足员工的工作需求，从而促使员工努力工作。交易型领导是强化现状的组织学习，对涉及新知识、新技术的创新性学习活动具有显著的阻碍作用。

领导者的领导力也可分为威权领导、德行领导和仁慈领导，此三种领导力均对组织学习有明显的促进作用。德行领导对组织学习的促进作用最大，仁慈领导的促进作用次之，威权领导的促进作用最小。威权领导是指领导者强调绝对权威和控制下属，要求下属毫无疑问地服从自己的决策的领导行为。它会使员工压力倍增，使员工产生抵触的情绪，从而促使员工不愿意参与到组织学习中去。德行领导是指领导者个人行为和人际交往中通过展现个人美德和人格魅力，加强双向交流和决策来激励下属的领导行为。德行领导能够让组织成员感受到领导者的个人美德和人格魅力，从而使组织成员愿意参与到组织学习中去。仁慈领导是指领导者对下属个人福祉所表现出的个别、全面而长久关怀的领导行为。仁慈领导能够让组织成员感受到领导者关心员工的个人福祉，并且营造良好平等互信的工作氛围，使组织成员乐于分享，从而促进组织学习的开展。

2. 组织层面因素

影响组织学习的组织层面的因素主要包括组织规模、组织结构、组织文化等方面。组织规模越大，组织学习越容易开展。在规模大的组织中，由于竞争压力，成员的学习意愿、学习主动性及学习素质较高；而且规模大的组织开展组织学习的内部机制和条件较为充足，能够为成员提供更多的资源以及成熟的内部机制，从而为组织学习的顺利开展提供较强的保障。当组织规模很小时，组织学习开展的范围很小，并且选择组织学习的方式单一；当组织规模逐渐扩大时，组织自身的资源和经验的不断积累，组织学习开展的范围也逐渐扩大，此时可以根据组织发展需求选择二元式组织学习。然而，组织规模也不宜过大。因为组织规模过大，组织成员的意见不易统一，很难达成共识，从而阻碍组织学习活动的开展。

组织结构是指在对开展工作、实现目标所必需的各种资源进行安排时，组织所形成的一种体现分工与协作关系的框架。组织结构分为两种类型，即机械结构和有机结构。机械结构是一种稳定、僵硬的结构形式。机械结构管理关系较为固化，要求组织决策中心化程度高，追求稳定运行中的效率，由于不能根据需求及时做出调整，从而对组织学习具有阻碍作用。有机结构是一种松散的、灵活的具有高度适应性的结构形式，能够有效适应并且灵活应对新问题和机会，采用权力和控制的分散化鼓励组织内部的沟通交流，从而对组织学习具有促进作用。

　　组织文化是指组织成员共享的一系列信念、假设和价值观。组织文化与组织学习之间有着密切的联系，组织文化影响着组织的学习理念和组织学习氛围，并且组织文化决定组织学习的氛围。同时，组织文化影响着组织成员的价值观和行为，进而影响组织学习的开展。

二、科技型中小企业中组织间学习的正向影响

　　组织间学习是一种知识和经验分享的过程，它发生在不同组织之间，旨在促进跨组织的学习和合作。这种学习可以包括知识、最佳实践、技术、经验等的交流和共享，以提高各组织的绩效和创新能力。组织间学习通常涉及多个组织之间的协作和交流，可以采用各种方式，如会议、研讨会、合作项目、联合研究、技术转移等。

　　科技型中小企业中组织间学习的正向影响如下。

　　第一，组织间学习通过信息和知识的交流为科技型中小企业的创新绩效提供了重要的支持。在科技和创新领域，信息是非常宝贵的资源。组织间学习使企业能够与其他组织分享信息，了解市场趋势、竞争动态以及最新的技术发展。这有助于科技型中小企业更好地了解外部环境，从而能够更好地调整其创新战略。此外，组织间学习还促进了知识的传递和共享。企业可以从其他组织中学习到新的知识和技能，这有助于提高其内部创新能力。因此，组织间学习为科技型中小企业提供获取新信息和知识的途径，从而有助于提高其创新绩效。

　　第二，外部合作伙伴在科技型中小企业的创新绩效中扮演着重要的角色。科技和创新领域的企业通常参与基于科学和技术密集的创新过程。这些过程需要大量的资源和专业知识，而科技型中小企业可能无法单独获取这些资源。因此，外部合作伙伴成为一个重要的补充资源渠道。通过组织间学习，科技型中小企业可以与外部合作伙伴建立合作关系，共享资源和知识。这种合作可以包括联合研发项目、技术转让以及共同市场开发等。通过与外部合作伙伴合作，科技型中小企业能够获得所需的资源，从而提高了其创新绩效。

第三，科技型中小企业的外部知识拓展对提高其创新绩效具有极大的益处。外部知识拓展是指企业获取和吸收来自外部环境的知识和技术。这种知识来源于合作伙伴、供应商、客户以及其他组织。通过组织间学习，科技型中小企业能够积极寻求外部知识，并将其整合到自己的创新过程中。这种外部知识的引入能够为企业带来新的思路和创新机会。科技型中小企业可以在产品开发、技术改进和市场营销等领域受益于外部知识的应用。因此，组织间学习通过外部知识拓展为科技型中小企业提供了创新的动力，从而提高了其创新绩效。

第四，组织间学习的正向影响在实际研究过程中得到了证实。许多科技型中小企业已经认识到了组织间学习的重要性，并积极参与各种合作和知识交流活动。这些企业发现，通过与其他组织合作，他们能够更好地应对市场竞争，提高产品质量，加速创新速度，以及降低成本。这些积极的结果表明，组织间学习对科技型中小企业的创新绩效具有显著的正向影响。

第四节　知识管理过程对创新绩效的影响

知识的创造是作为隐性知识的一个单一维度，并且通过社会互动，知识成为其他个人、团体乃至组织的显性知识。知识管理已成为寻求创造价值的企业战略支柱。知识管理是一个持续的过程，旨在帮助组织更好地理解、使用和创造知识，以支持决策和学习，增强组织的竞争力。在知识管理方面，具有较高创新能力的知识型员工，能够产生更多的创新绩效。因此，为了发展创新模式，科技型中小企业应向特定类型的合作伙伴开放，并通过知识管理过程，内化为自己的知识，以提高创新绩效。作为新产品的来源，企业与主要用户、供应商以及诸如大学和研究机构之类的知识组织之间的垂直关系可能特别重要。

参与知识管理过程，加快知识利用向创新绩效的过渡对于科技型中小企业员工而言，不仅要做知识型员工，还要结合知识利用，创造最大生产力。知识利用已经探索了这样的想法，即企业基于知识型员工进行开放式创新，人力和文化知识管理方法仍比其他两种新兴方法（大数据方法以及基于 IT 和基于系统的方法）更具有总体作用。在数字知识经济时代，知识管理过程通过知识型员工的创新能力对创新的连锁效应以实现知识管理目的。因此，组织应重视知识型员工，因为他们最终将参与知识管理过程，通过最终阶段的知识利用来提高生产力，从而提高创新能力。组织的战略目标以及在科技型中小企业内部产生的文化至关重要。如果他们致力于实现销售和利润的可持续增长，那么创新的发展和使用将成为企业成功竞争的动力。

规模稍大的科技型中小企业，更有可能发展出足够的组织复杂性以鼓励知识交流的内部组织，这似乎仍然是值得企业家学习、发展和维持管理的技术能力。因此，重新激发科技型中小企业所有者对持续发展热情的新方法，以及提供管理、技术和工作知识与技能的新方法。这些对于科技型中小企业而言并不是新的挑战，而是在固本培元。所以，需要将创新与学习之间建立起联系，通过组织间学习在提高效率和获取新知识方面已经发挥的作用，以及企业员工学习技能的提升，来提高企业的创新绩效。

科技型中小企业已经意识到，大量问题都归因于未捕获和未共享的产品和过程知识，以及需要知道企业中"谁知道什么"、需要远程协作以及需要吸取教训学习和最佳实践。这些认识导致对知识管理的呼声越来越高。在科技型中小企业的背景下，我们将知识管理定义为支持整个企业知识创造和转移的一组活动、技术和工具。知识是任何企业的宝贵资源。任何不利用其力量的活动显然都是资源的次优利用。在科技型中小企业中，高度复杂和智力密集的活动也不例外。它涉及团队中个人在项目中的智力努力，这些项目的最后期限和可交付成果在项目的整个生命周期中经常发生变化。建立新模式的好处包括：

第一，将知识管理整合到科技型中小企业中，工人更容易创造新知识。这样，组织记忆就不会关闭，它总是在发展。

第二，科技型中小企业知识管理的一个主要关注点是在工作过程中无须额外努力便可获取信息。因此，知识管理系统被积极地整合到工作流程中。另外，孤立的知识管理系统可能成为创新的障碍，因为它不允许员工与同事分享新想法。封闭系统不能让组织控制自己的知识，因为知识创造和整合之间存在差距。创新发生在知识管理系统之外，它包含长期过时并反映局外人对工作看法的信息。

第三，知识管理用户不再是知识的被动接受者，而是知识的主动研究者、建构者和传播者。知识可以在工作环境中协同构建。关注知识需要关注人，包括他们的任务、动机和合作兴趣。智慧人类表现的核心不是人类个体的思想，而是相互之间以及与工具和人工制品相互作用的思想群体。

第四，信息作为知识进行处理。它起源于个人、团体并最终被企业使用，因为它的作用是支持新流程的设计，推动个人工作、团体流程和企业战略计划的变革。

第五，知识管理以业务知识和管理人员的需求为导向。专注于商业知识是与众不同的，与科技型中小企业知识管理的通常方法完全相反。

第六，大多数情况下，科技型中小企业知识管理旨在组织日常任务的记忆。商业知识是具体的，通常在企业中不容易处理，收购它是一个难题。不过，商业知识一旦被捕获，它就具有显著的附加值，可提供快速的投资回报。

第五节　虚拟集聚对创新绩效的影响

一、虚拟集聚的内涵

虚拟集聚是指在虚拟空间中，以网络技术为基础建立、以现代信息和通信技术为主要沟通手段的若干个密切相关或相互联系的企业或组织的组合。聚集的目的和内容是联合开发、联合管理、联合创新和联合使用技术标准。

虚拟集聚丰富了传统产业集聚的概念和形式，是许多不同类型科技型中小企业的集合，且集群内企业具有特殊优势或专业化知识。虚拟集聚为产业链上包括生产商、经销商、购买者和服务机构提供了可进行合作的网络平台，使他们的利益关系更加紧密。科技型中小企业虚拟集群可以通过促进和加速集群企业的连接，发挥企业和集群双方的优势，即集群可以利用新一代信息技术，通过虚拟场景为企业提供虚拟化的产品与服务，并保障数据安全，从而实现生产、供应和分销活动的虚拟化。

二、虚拟集聚对科技型中小企业创新绩效的影响

（一）正向影响

虚拟集聚能够显著正向影响科技型中小企业创新绩效，如果企业能融入资源丰富、沟通紧密的虚拟集群中，它可以利用它所处的集群位置，从与企业、政府和研究机构的知识互动中获得足够的资源优势进而形成自身竞争优势，对创新绩效的提升有一定助力作用。

虚拟集聚网络规模不断扩大，有助于科技型中小企业打破组织边界，以寻求与不同行为体的合作和发展机会。科技型中小企业可以充分利用信息技术，克服传统的地理隔离，与虚拟网络内主体形成战略联盟，打破单打独斗的竞争格局和传统地理集群的锁定效应。科技型中小企业受自身规模和资金的限制，必然会求助于外部支持，以应对激烈的市场竞争。与各集聚网络实体建立稳定而紧密的关系，将极大地帮助中小企业降低跨界求知的成本和风险，并能有效促进相互信任和深入合作，实现高效的知识转移，从而获得更高质量的知识。集聚关系质量主要用于评估虚拟集群的创新质量。集聚关系质量主要表示虚拟集群创新网络中各节点是否存在有效的、可相互信任的、和谐的合作关系，是影响集群中创新知识资源流动的一个重要因素。信任对创新主体间合作关系的建立具有正向影响，从而

提高各主体分享优质创新资源的意愿，减少机会主义行为的风险。

（二）虚拟集聚与知识共享存在正相关关系

虚拟集聚下集聚网络规模、集聚关系强度和集聚关系质量三个维度对知识共享及其两个维度都具有显著的正向作用。说明在集聚网络环境中运行的科技型中小企业可以经常与异质性企业和研究机构进行互动，拓宽知识共享的宽度与深度。强有力的集聚关系强度能让合作者之间形成稳定的合作关系，进而各主体间的共享意愿也会保持积极的状态。同时良好的集聚关系质量促进企业间的高需求知识的流动转化，促进企业内外部的知识共享、信息共享和人力资源共享。

（三）知识共享与企业创新绩效存在正相关关系

知识共享是企业共享知识创新资源的关键驱动力，同时也为企业处理创新过程中知识贫瘠的问题提供了渠道。企业的创新活动需要接连不断的知识来推动创新。由于内部知识局限性，企业需从组织外部吸取有效的知识资源来满足创新需要，使不同层级对知识的需求得到满足。因此，知识共享能够促进科技型企业创新绩效的提高。

（四）知识共享在虚拟集聚和企业创新绩效之间存在部分中介关系

显性知识共享和隐性知识共享在虚拟集聚和科技型中小企业创新绩效之间都起到了部分中介作用。虚拟集聚通过不同形式的知识共享对科技型中小企业的创新绩效有积极影响。科技型中小企业的核心竞争力与知识创造直接相关，传统的地理集聚企业间产生知识溢出，科技型中小企业通过地理集聚能够形成规模经济和高效获取技术外部性。然而，知识溢出现象会随着与核心企业距离的不断增加出现递减效应。虚拟集聚网络为企业连接提供新的思路，克服地理边界带来的技术锁定，让中小企业能更高效地交流信息和知识。虚拟集聚对资源流动有较大的益处，企业和异质性知识伙伴交流频率越高，组织之间信任感就越强，为了吸收企业外界资源来填充创新资源差距，使得组织间知识共享的意愿提升；通过组织间的知识共享，可以从企业外吸收创新需要的新资源，来填充企业资源不足，有助于突破组织内资源局限性，提高自身创新绩效。当科技型中小企业处于虚拟集聚的环境中时，可以通过组织间知识共享，将外部异质化资源充分利用起来，打破思维定式，提高企业自身创新能力，将创新能力转化为创新成果，进而全面提高科技型企业创新绩效。

（五）战略柔性在外部知识获取与动态能力间的调节作用

高水平的协调柔性使企业能够迅速创造、转移新的知识，帮助他们协调分解所需知识并根据自己所需进行整合，以开发满足市场需求的产品。此时要求企业具有很强的协调能力。因此，在对市场知识共享的过程中，协调柔性越高，企业创新能力越能得到提升。

三、科技型中小企业提升虚拟集聚管理的策略

科技型中小企业在运营过程中，要保持平台的动态性和开放性，当平台初始构建时各主体的合作模式及联系随着外部环境的变化而处于动态发展之中，具有适应市场变化的更新升级能力。科技型中小企业需要不断从外部环境汲取新的人才、信息等创新资源，保障虚拟集聚平台的可持续发展。对集聚平台也要建立相匹配的评估方法，建立优胜劣汰制度。

提升虚拟集聚关系内的知识共享频率，让企业间的知识共享渠道更为畅通，激发企业共享积极性。从显性知识共享来看，科技型中小企业可以建立平台式的知识共享应用系统，深化科技型中小企业创新痛点并精准化提供相应资源，如创新所需的稀缺设备，专家信息，政策服务等信息，并提供相应的保障机制，保证数据信息正确和数据安全；从隐性知识角度来看，科技型中小企业要善于利用集聚关系，以与科技型中小企业的合作交流为基础，企业家可选择性地与相关领域的专家进行技术方面的深入沟通，进行创新技巧或管理经验等不易传播的知识的共享。

科技型中小企业要提升自身的组织环境的建设，确保自身战略柔性的优势能够对新资源的获取以及利用达到最大效度的促进作用，将员工的创新性服务于企业创造新知识、新技术，取得更多的创新成果，加快企业内部的产品开发，为企业在短期内提高创新能力奠定基础。

第六章
科技型中小企业的高质量发展探索

第一节 科技型中小企业的高质量发展必要性

"科技型中小企业是培育发展新动能、推动高质量发展的重要力量。"[①] 围绕实现高质量发展，加快建设创新型国家是社会主义现代化经济体系建设的战略支撑，科技企业在促进社会创新、提升国家创新能力中发挥重要作用。

一、高质量发展的内涵

高质量发展是经济发展质量的高级状态和最优状态，这是高质量发展的最狭义理解和最本质内涵。从广义的角度讲，高质量发展不仅包括经济的高质量发展，还包括政治的、文化的、生态的、社会的等全方位、多层次高质量发展。

在理论上，高质量发展是以新发展理念为指导的经济发展质量状态：创新是高质量发展的第一动力，协调是高质量发展的内生特点，绿色是高质量发展的普遍形态，开放是高质量发展的必由之路，共享是高质量发展的根本目标。高质量发展是经济发展的有效性、充分性、协调性、创新性、持续性、分享性和稳定性的综合，是生产要素投入低、资源配置效率高、资源环境成本低、经济社会效益好的质量型发展水平。在实践上，高质量的发展是中国经济发展的升级版，是通过质量变革、效率变革、动力变革来实现生产效率提升，以实体经济发展为核心，以科技创新、现代金融、人力资本协同发展的产业体系为基础，以市场机制有效、微观主体有活力、宏观调控有度的经济体制为特征。

高质量发展的判断标准可以从有效性、协调性、创新性、持续性和分享性等方面进行。具体可以用投入产出效率高低、结构的合理性、经济发展的潜力、可持续发展的程

---

① 苏雯轩，金莎，张璐，等．甘肃省科技型中小企业现状分析与发展对策研究［J］．甘肃科技，2022，38（12）：34．

度、经济增长成果的分享程度等指标来综合衡量。实现高质量发展意味着实现高效益，即宏观上体现为人民对美好生活需求的满足程度，微观上体现为各类要素资源利用的高效率；意味着实现稳定增长，即保证经济运行的稳定性、持续性以及有效降低经济运行的风险；也意味着实现创新驱动，即站在科技创新的制高点，通过创新驱动解决深层次问题，切实提高中国经济社会的供给体系质量。

高质量发展是建设现代化经济体系的目标和导向，现代化经济体系建设为高质量发展提供动力和支撑。深化供给侧结构性改革、加快建设创新型国家、实施乡村振兴战略、实施区域协调发展战略、加快完善社会主义市场经济体制、推动形成全面开放新格局，是构建现代化经济体系、实现高质量发展的基本路径。由于企业是承担新时代中国特色社会主义建设的基本单位，因此在构建现代化经济体系、实现高质量发展的过程中，须充分发挥企业尤其是创新型科技企业的微观基础作用。

二、高质量发展的意义

实现可持续、高质量的发展需要一个国家长期坚持不懈的努力和务实奋斗。中国作为发展中的经济大国，更需要把握国内及国际经济特点，把握发展趋势，坚持推动高质量发展。推动高质量发展是适应我国社会主要矛盾变化和全面建成小康社会、全面建设社会主义现代化国家的必然要求，是解决社会主要矛盾的必然选择，有利于实现以人民为中心的发展和综合国力的提升，是新时代实现我国经济持续健康发展的工作指引。

第一，有利于解决社会主要矛盾。人类社会在不断演进的过程中，总是遵循一定的社会发展规律。要更好地满足人民群众对美好生活的向往，解决经济社会发展中的不平衡不充分问题就只能通过高质量发展来实现。只有高质量发展才能更进一步解放和发展生产力，才能更好解决新时代社会主要矛盾。

第二，有利于实现以人民为中心的发展。人类社会的发展，本质是促进人的全面发展。而人的全面发展，既包括物质财富的增加，也包括精神财富的丰富，还包括社会的变革。这就要求中国的发展必须是全方位高质量的发展，而不仅仅是注重数量型的物质层面的发展。因此，实现高质量发展更有利于促进人的全面发展。因此，高质量发展是满足人民生活水平质量的重要依据，是实现人民美好生活的出发点和落脚点。高质量发展程度的评判，最终要以主要矛盾的解决、人民日益增长的美好生活需要的满足为标准。因此，高质量发展的根本目的是解决我国社会新的主要矛盾，从而实现人的自由全面发展。实现高质量发展有利于实现以人民为中心的发展。

第三，有利于综合国力的提升。解放和发展社会生产力，增强社会主义国家的综合国力，是社会主义的本质要求和根本任务。只有牢牢抓住经济建设这个中心，推动经济社会持续健康发展；毫不动摇地坚持发展，贯彻科学发展和高质量发展的战略思想，才能全面增强我国的经济实力、科技实力和国防实力，从而全面增强我国的综合国力。我国逐步实现从"科技大国"向"科技强国"的转变，为经济社会发展打造新引擎。从中美贸易摩擦"中兴事件"和"华为事件"中吸取教训：我国的企业尤其是科技型企业要不断提升自主创新能力，加大科技创新力度，打造具有自主知识产权的高品质产品，才能提高企业产品的国际竞争力。深化改革开放，持续推进"一带一路"建设；坚持发展成果由人民共享，落实保障民生的各项政策。因此，实现全方位资源融合、可持续的高质量发展，有利于优化我国的发展结构，从而实现综合国力的提升。

三、科技企业与高质量发展

科技创新是引领高质量发展的核心驱动力，是推动高质量发展的重要引擎。企业是科技创新的主体，是高质量发展的重要微观基础。科技企业作为专注于技术创新的企业主体，对增添经济发展新动能、推动经济高质量发展发挥着重要作用。

（一）科技企业的创新本能为高质量发展提供重要驱动力

科学作为一种知识形态的生产力，它只是一种潜在的生产力。随着科学的不断发展，科学也可作为直接的、核心的生产力。注重科学创新，即重视科技创新，可以进一步解放和发展生产力，从而实现高质量发展，进而解决我国社会主要矛盾。因此，实现高质量发展，首要的是强调科技创新，重点解决创新能力和人力资本不足的问题，把创新作为第一动力，依靠科技创新不断增强经济的创新力和竞争力，进一步提高供给体系的质量。

科技企业是科技创新的重要力量，科技创新在高质量发展中具有引领作用。促进科技创新与经济发展的深度融合，能够提升高质量发展的创新含量。我国对科技创新的高度重视、战略谋划和实施力度前所未有，大力实施创新驱动发展战略，开启了建设世界科技强国的新征程。新一轮科技革命和产业变革加速演进是高质量发展的重大战略机遇，提高科技创新对实体经济的贡献率是高质量发展的必然要求，高效协同的创新体系和开放包容的创新创业生态是高质量发展的重要保障。实现高质量发展，首要的是强调科技创新，通过科技创新为高质量发展建立起适应未来30年经济发展所需要的供给体系。总之，科技企业在促进科技创新和高质量发展中起着十分重要的作用。

（二）科技企业的市场主体地位为高质量发展提供微观支撑

企业是宏观经济运行中的微观主体，是中观产业发展中的基本组织，经济高质量发展归根结底需要通过企业这个微观基础的高质量发展予以实现。在竞争激烈的国内与国际环境中，创新无疑是企业生产和发展的灵魂。相比于其他企业，科技企业更具活力与创造力，是高质量发展的重要源泉。在高质量发展中，要不断提高科技创新的贡献份额，强化科技企业的创新主体地位。

与传统型企业相比，科技企业一般具有三个区别性特征：高技术人才密集性、高研发投入性、高创新性。首先，科技企业拥有较高比例的科技型人才，换言之，企业的生存和发展高度依赖于具有创新能力的研发人员，其创始人也往往更具有企业家精神；其次，研发活动在企业生产经营中十分重要，研发投入在企业生产经营过程中占比较大；最后，科技企业所提供的产品或服务具有较高的科技含量，大多属于创新型产品或创新型技术服务。值得注意的是，华为、阿里巴巴、腾讯等一批具有全球竞争力的大型高科技企业，已成为新时代引领我国经济高质量发展的重要标杆企业。

高质量发展是更加注重内涵式的发展，是经济效益不断提高的发展。推动高质量发展，必须使各类市场主体充分发挥活力，通过科技创新解放和发展生产力，从而全方位带动经济效益的持续性增加。因此，科技企业作为重要的市场主体，能够通过技术创新、产品创新、管理创新和模式创新获取竞争优势，并由此带动相关企业的发展，构建起现代化的产业集群和产业体系，形成高质量发展的新动力，推动高质量发展的实现。

第二节　科技型中小企业的孵化建设

21世纪，数字空间使我们对科学技术的研究更加微观。结合我国科学技术和经济发展的实际而言，现阶段科技型中小企业已成为我国科技增长、经济发展不可或缺的组成部分。然而科技型中小企业的经济状况、市场前景、资产规模还远未达到与同行业竞争的水平，还需要在种子期或创业期在一个类似于孵化幼雏的空间内培育，需要假以时日才能够"羽翼丰满"。政府为了鼓励具有发展前景、技术力量的科技型中小企业发展，出资设立了各类孵化器中心，通过孵化器中心这个重要平台，为科技型中小企业提供各类资源。

一、科技企业孵化器中心设立的意义

科技型中小企业在孵化器的经营与发展中，如同繁殖的"鸡雏"，需要有相应的场地、设施、各类专业化服务与之相配套，这是实现科技型中小企业生存的基础。同时，科技型中小企业解决了生存问题之后，还要解决其发展问题。即尽快实现科技成果转化、孕育大量的科技企业，为科技型中小企业发展创造条件。孵化器中心可以在此方面提供全方位服务，以助力其健康发展。

（一）创业辅导功能

孵化器通过聘请创业服务指导、引入中介服务机构、整合各类资源、提升园区服务质量来为科技型中小企业建立明确的战略体系，帮助其谋划精确的战略规划。孵化器能够集中各类优势人才，聚集了大量的创新创业人才以及丰富的科研成果，自身也能享有各项税收优惠政策，能够做到定期对企业实施创业辅导，并对企业发展提出专业意见，促进其实现降低创新成本、实现经济效益最大化。孵化器的最大好处在于利用自身的平台、区内各类企业的数量优势、各类需求优势而形成的集约群与社会中介机构形成战略伙伴关系，引入各专业社会服务中介为企业提供各类生产、研发、营销、法务等方面的专业服务，解决科技型中小企业日常营销管理、生产经营、技术开发、法律、财税等方面的问题。

（二）具有科技成果转化作用

专业的科技孵化器机构通过与专业服务机构签订合作协议，为进入的企业提供管理咨询服务，从而提升入驻孵化器企业内部管理的规范性。与此同时，科技成果使得科技型中小企业拥有优势地位，其之所以能够受到政府的扶持而进入孵化器园区，与科技成果转化为生产动能，进而形成先进生产力、创造经济效益有着较大关系。

二、孵化器中心建设与发展的策略

（一）进一步提升孵化服务功能

孵化器在保证紧紧围绕"培育创新、服务创业、促进科技成果转化"的创办宗旨开展创业服务工作的同时，应紧跟孵化器行业发展趋势和社会市场需求，改变传统僵化的管理模式，逐步从传统的国有企业管理模式向市场化、现代化的管理模式转变，具体应从以下几方面进行优化。

第一，应实施扁平化组织管理模式，通过精简组织架构、减少层级的方式来提升管理效率，在实施组织扁平化的过程中，重新设计组织架构，实现纵向组织层级扁平化。

第二，孵化器现有的组织架构层级过多，应减少副总经理和副经理、主管三个中间层级，这些精简的层级职能可以进行分解，通过执行职能下放，管理职能上提来实现。

第三，提高团队成员服务能力和素质。扁平化组织对组织成员的能力要求较高，这就需要孵化器为员工组织学习活动，提供学习机会，建立全员学习的企业文化。

孵化器服务模式的优化设计应围绕现有孵化服务体系的改进进行。根据企业生命周期理论模型，为不同生命周期阶段的企业提供适合其阶段特征的孵化服务资源，帮助企业及时解决当前阶段面临的问题，不断发展壮大。因此，在对孵化器孵化服务模式的优化过程中，应将现有的服务体系内容进行全面梳理和重新整合，把原本分散的各项孵化服务按照企业所处的发展阶段进行匹配组合，为不同阶段的企业提供符合其需求的差异化服务。孵化器的孵化企业大部分处于孕育期、初生期、成长期，按照企业需求精准地提供孵化服务不但是对在孵企业的健康发展负责，而且能提升自身服务资源的使用效率。

（二）建立贯穿企业生命周期的多层次的链条式孵化服务体系

第一，孕育期。这个阶段的创业企业尚未成立，以创业项目的形式存在。针对孕育期的创业项目，孵化器应建立专门的"创业苗圃"，为"-1到0"阶段的创业项目提供预孵化服务。在服务内容上，以政府补贴性的免费服务为主，并向创业者提供公益性的天使创业种子基金支持，引导和帮助有潜力的创业项目由点子转化为实业。

第二，初生期。这个阶段的企业刚刚成立，属于初创期的小企业。针对初生期的企业，孵化器应提供小面积的独立办公空间和简单的增值性服务，为其申请相应的初创企业优惠政策，寻找小额贷款和天使投资，帮助其顺利度过初创期，提高存活率。

第三，成长期。这个阶段的企业属于高成长企业，它们对服务的要求也较高。在服务内容上，应以高端增值性服务为主，按照孵化企业自身所处的行业特点和发展方向搭配对应的孵化服务，如高层次人才引进、大额企业信用贷款推荐、资本市场对接服务以及科技项目申报等，大力推动企业快速发展。

（三）提升资金对接能力及水平

针对孵化器企业普遍存在的融资需求，应建立自有投资基金，利用自身掌握的企业信息筛选出成长性好的孵化企业进行股权投资，共享企业发展成果，实现投资盈利，增加另一个新的利润增长点。通过持股孵化的方式逐步形成"投资+孵化"模式，进而调整盈利结构，改变以往过度依赖房租收入的现象。

持股孵化是指孵化器机构和孵化器服务团队对在孵企业出资参股建立一定金额的风险投资，为企业提供资金支持，扶持企业成长发展，并在企业获得经营成果时享受经济上的回报。持股孵化的周期比较长，流程主要包括资金筹集、持股投入、资金退出三个部分。孵化器通过持股孵化的方式加入企业孵化中，实行一定的监督、管理和服务，更加直接地参与被扶持企业的日常运营决策，协助企业快速实现价值增值，达到共赢的效果。

孵化器在设立种子资金的同时，为了提供更多的融资渠道，须与银行、证券、投行等机构建立联系，为科技型中小企业提供全方位、多层次、多元化的投融资体系，通过孵化器作为背书途径，为企业寻求资金帮助。孵化器中心资金的来源可以是自有基金，也可以是来自外部的创投基金。其中，自有基金可以较为直接地降低入孵企业资金获取的难度，提高孵化器与入孵企业间的沟通效率。同时，在对外融资过程中，能够更为全面、深入了解科技型中小企业的真实需求、创业项目进展情况。此外，自有基金对创业项目的投资，可以吸引更多外部基金的跟进合作，拓展整个孵化器的基金池，给孵化项目带来更多的外部合作资源与机会。

（四）进一步完善孵化器的服务功能

国内孵化器中心数量众多，如何让科技型中小企业入孵开展一系列研发、生产经营管理活动，需要在软件、硬件条件两个方面开展支持，更为重要的是需要对入孵企业提供管家式贴心服务，助力其健康成长。

在盈利模式优化方面，孵化器应紧紧围绕异质性资源进行，在保持原有各项收入的基础上，努力挖掘现有孵化器自身独有的特色性资源和垄断资源，并利用这些资源不断拓展孵化服务的范围，为企业提供更多创新型的增值性服务。对孵化器而言，大学科研技术和人才的支持、行业知名度和品牌影响力、长期积累的大量孵化企业就是其独有的优质资源，孵化器应该充分开发和利用拥有的这些资源的异质性，如利用大学的技术人才资源搭建技术服务平台、利用长年积累的大量企业资源进行股权投资等。

在搭建技术服务平台的过程中，孵化器应采用以下方式进行。

第一，应充分发挥孵化器自身的纽带作用，充分整合高校、产业、政府三方资源，采用线上线下相结合的方式在技术供给方（高校）和技术需求方（企业）之间搭建起及时有效的信息沟通机制和交易平台，保障高校和企业之间的供需信息互通。在线上方面，可利用互联网技术打造线上实验设备租赁、科技成果交易平台，使得供需双方能在平台上发布各自的技术成果和技术需求。在线下方面，努力创造高校和企业方共同参与、互相面对面交流的机会，比如定期开展形式多样的学术交流、产业论坛等活动。

第二，应为技术服务平台构建一个高效专业的服务队伍。服务队伍的构建，不但可以通过企业内部建立学习型组织的方式定期组织员工内部互相交流学习和聘请外部讲师进行专业服务知识培训，提升自身团队科技成果转化服务能力的方式，也可以通过与专业的、市场化运作的中介机构及技术咨询机构合作的方式，通过借助外力迅速提升孵化器在实验设备租赁、科技成果申请许可、价值评估及合规交易方面的服务能力，提升技术支撑服务的效率。

第三节　科技型中小企业的协同发展

一、科技型中小企业的数字化研发协同模式现有成果

科技型中小企业的协同创新具有以政府领导为先导、以产业集群为主体、以知识增值为核心、以产学研为载体的一般特征。面向数字化转型，科技型中小企业的协同发展的特征包括：①以知识共享为导向的资源协同是指企业依托数字化转型整合多维发展资源并积累知识资本，包括知识、技术、信息及科研人才等；②以市场需求为驱动的产业协同是指企业为适应数字技术更迭和市场不确定性，为加快市场响应效率而进行的创新协同；③以技术变现为目标的结构协同是指企业依据自身价值链的联结方式，将供应—生产—销售—客户用数字化媒介联结起来，形成的一体式链式创新协同；④以政策红利为支撑的战略协同是指企业面向数字化转型国家战略，以重大研发需求及创新项目为引领形成的企业间创新战略联合。科技型中小企业的数字化研发协同模式现有成果如下。

（一）技术协助型数字化研发协同模式

技术协助型数字化研发协同模式是指，企业通过与高校和科研机构合作，或者承包大型企业价值链前端外包服务，以自身优势技术为基础获取数字化研发支持，从而达到协同研发的效果。这一模式多以初创期的科技型中小企业为主，它们受到研发资金和人才的限制，往往难以凭借自身资源积累实现技术流程改进或高附加值产品开发。

技术协助型数字化研发协同模式主要反映在知识共享、市场需求和技术变现三个维度：技术协助是科技型中小企业整合并获取创新资源和知识技能的有效途径之一，数字化技术帮助它们通过与高校、科研机构及骨干企业合作，在协同过程中更高效地学习先进科研知识、技术工艺及管理方法；在面对市场重大需求及研发趋势时，多数中小企业存在数字化转型的资金、技术等资源瓶颈，需要通过参与重大创新导向和研发项目，将企业和高校、科研机构的创新资源、创新技术、市场优势加以整合；中小企业的快速市场响应能力有助于释放数字化研发环境中的技术应用价值，可以将符合条件的科技成果快速推向市场，达到技术快速变现的目的。

（二）研发集群型数字化研发协同模式

研发集群型数字化研发协同模式是指，在数字化情境下，异质性科技型中小企业围绕单一或多个目标组成的复杂系统联合体，数字技术重塑了企业群落的价值主张、交互方式，同时多智融合使得系统涌现性成为可能。这一模式多以成长期的科技型中小企业为主，它们具有一定的科研实力，但是随着技术的更迭加快及跨产业项目的增多，企业需要通过共性技术研发平台，加强与同类型或互补型企业的高效率研发合作。

研发集群型数字化研发协同模式主要反映在知识共享、市场需求及政策红利三个维度：依托共性研发任务推动研发数字化转型的顶层设计、全局统筹和理念更新，能够有效调动关联企业参与数字化研发协同的积极性；聚集形成优势互补、资源互利的研发集群，有助于中小企业在动荡的市场格局中缩短产品研发周期，最大化获取竞争优势；面向区域重点发展产业优先推动数字化研发转型，出台数字化专项金融政策，能够综合发挥财税金融政策在现实性激励、导向性信号和激励性规制等三个方面对研发活动数字化驱动的促进作用。

（三）价值链融合型数字化研发协同模式

价值链融合型数字化研发协同模式是指，以产业链中的核心科技型中小企业为主导，与价值链中后端的企业及中介服务机构统一研发策略，基于数字化研发平台形成"前端研发、后端推广、及时反馈、整体响应"的协同创新模式。这一模式以处于成熟期的科技型中小企业为主，其创新基础坚实、成果积累丰硕，具备产业链协调能力和意愿。

价值链融合型数字化研发协同模式主要反映在市场需求、技术变现和政策红利三个维度：通过发挥核心企业在研发协同中的引领作用，从数字化公共服务平台建设、资源投入、转型模式与转型成效等方面形成示范效应，有助于满足当前快速迭代的市场需求；目前依托"链主"企业实施技术改造，推动产业链数字化转型与"专精特新"企业同步培育已成为工信部门的基本政策导向，因此依托核心企业打造数字化研发服务商，不仅有助于其他链内企业加快技术变现，而且有助于其上云用云、加强供应链对接，提升价值链整体效益；得益于数据富集和贯通，数字化转型中逐渐优化的财税、金融政策能够精准组合各类靶向性政策工具，提高价值链中参与创新协同企业的支持政策触达率。

二、科技型中小企业的数字化研发协同发展的政策建议

第一，培育多样化数字研发生态。其一，支持科技型中小企业在深入参与共享制造、个性化定制等服务型制造新业态的过程中，深挖工业数据价值，探索形成研发外包、制造

能力交易、数据价值共享等新模式。其二，引导数字化服务商面向科技型中小企业推出研发云服务平台，鼓励企业研发系统向云端迁移。其三，围绕研发数据权属界定、交易流通模式、安全保障机制、权益保护机制等核心问题，加快攻克研发数字化转型的数据制度和开放共享瓶颈。

第二，推动多途径研发资源聚集。其一，加快研发数字化的网络、平台、数据、安全等基础设施规划建设，增加研发数字化人才梯队建设投入，形成满足数字化研发的网络化、数智化实验条件。其二，面向产业链聚集研发数据资源，增强产业各主体、业态间的数据联系紧密度，推动研发条件数据、过程数据、成果数据等数据的采集、归集、存储、使用的规范管理。其三，推动研发资源的数字化管理，将研发投入及数据产出的综合评价结果关联到企业信用监测、智能供需匹配、大数据风控等服务体系。

第三，强化数字创新政策落实，具体内容包括：①增强税收优惠政策的创新导向引领，针对数字基础设施、通用软件和应用场景等难题提供贷款贴息、政府采购等扶持。②增强组织保障，促进科技管理部门同发改、工信、财政、金融等部门的合作协调，推进数字化服务提供商同企业研发需求对接。③借助研发大数据，通过风控体系优化、增信赋能、投贷联动等方式拓展企业经营资金来源并降低转型成本，形成价值链层面研发数据共享的互促互进、共生共荣的联动机制。

第四节　科技型中小企业的高质量发展实践与优化

一、科技型中小企业高质量发展的实践成果

科技型中小企业的高质量发展一直以来都备受重视，各地方政府和企业积极探索不同的途径，以实现更为可持续和绿色的经济增长。以下以南阳市、沈阳市、丹东市为例，解读科技型中小企业高质量发展的实践成果。

（一）南阳市科技型中小企业高质量发展的绿色成果

在 2023 年河南省南阳市的政府工作报告中，南阳市政府提出深入践行"两山论"，持续加强生态环境治理保护，全面促进绿色低碳转型，让蓝天、绿水、青山成为南阳最鲜亮的标识。在此情况下，南阳市积极打造和完善绿色低碳经济体制，并使之成为推进社会生态文明建设、促进企业绿色转型和高质量发展的重要保障。南阳市科技型中小企业是活力强、生机旺、潜力巨大的群体，是实现南阳市新发展、新提升、新模式等目标的重要力量。

根据南阳市的实际环境而言，绿色创新成为其高质量发展的必经之路。在这方面，国家发布了《关于构建市场导向的绿色技术创新体系的指导意见》，进一步明确科技型中小企业要发展和研究绿色创新经济，实现市场和人才的绿色发展，打通绿色发展的各个环节；南阳市在"2023年南阳市经济工作原则、目标和重点"中明确指出，大力发展绿色经济、低碳经济、循环经济，打造"两山论"的标杆城市。在新形势和政策的推动下，南阳市科技型企业能否实现绿色创新成为其能否实现高质量发展的关键所在。

（二）沈阳市科技型中小企业高质量发展的创新成果

1. 持续优化科技企业梯度培育体系

（1）构建科技型中小企业、高新技术企业、雏鹰企业、瞪羚独角兽企业梯度培育体系，对初次审批备案的科技型中小企业、初次认定的高新技术企业、初次认证的省级瞪羚企业和独角兽企业予以技术研发后补助专项经费。

（2）建立"带土移植"项目人才引育机制，在沈阳市创办创新型企业，给予启动资金，对大学科技园、产业园区内建设的科技企业孵化器、加速器给予补助，施行高新技术产业用地实行优先供给、高新技术企业建设项目提高土地容积率、符合条件的免缴城市基础设施配套费等措施。

（3）加大对科技型企业全生命周期投入，按照企业注册时间分别给予技术创新引导专项、成果转化贷款扶持，符合条件的可申请无抵押贷款。

（4）探索实施企业股权投资，高新技术企业优质科技成果转化项目给予财政科技资金股权投资。

2. 加快提升企业创新发展能力

（1）鼓励创新主体围绕产业优势领域和重点产业链构建科技创新平台，对新批建的国家级创新平台给予最高500万元奖励，对科技型中小企业当年绩效考核突出的创新平台给予最高100万元奖励和2500万元扶持津贴；引导科技型中小企业与高校、科研院所开展产业关键核心技术、前沿技术协同创新研究。

（2）围绕企业"卡脖子"产品和断点堵点生产技术，建立"企业出榜、任务定榜、揭榜挂帅"的重大技术攻关制度，对揭榜项目给予最高300万元资金资助；扶持建立沈阳浑南科技城"一城一园三区多组团"国家研发中心，对已实施项目给予最高3000万元奖励，对当年绩效评价已达标的项目再给予最高1000万元的补贴，并连续扶持3年。

3. 加快促进科技研发成果转化

（1）扶持企业牵头建设的新型研发机构，重点支持企业与产业园区合作共建公共科技服务平台、过程性试验服务平台等。

（2）实施企业新型研发机构绩效评价，按照绩效评价指标给予最高 1000 万元奖励；促进企业技术创新成果、研发成果转化与应用，对企业引入国家重大技术研发成果在沈阳市转化和产业化应用的，给予最高 300 万元补贴；扶持在沈阳市产业技术研究所设立的投资公司，以促进工业科技成果转化和创新创业项目市场化运作；设立 50 亿元沈阳浑南科技城建设发展专项资金和 120 亿元沈阳高新区发展基金；帮助科技型中小企业进行创新基建、场景服务、智慧制造等方面的产业创新，并给予最高 300 万元政府专项资金补贴。

4. 持续优化企业创新人才服务

（1）引育高层次人才，围绕企业紧缺人才，支持高校、科研院所培养人工智能、集成电路、生命科学及数字化服务等专业人才。

（2）简政放权，授权企业开展职称自主评审、人才自主认定。

（3）优化服务，为企业急需的高层次人才和创新型企业家提供配偶安置、子女入学、就医保障等服务，每年安排 4000 万元资金，对录用应届全日制大学本科及以上学历的高校毕业生给予补贴补助。

（4）支持企业吸引实用型人才，对科技型中小企业引进技能人才、急需紧缺产业人才给予资金奖励，并且支持中小企业积极拓展人员的吸纳途径，以减少人才引育成本。

5. 积极拓宽科技型中小企业资金融资渠道

（1）继续推行科技型中小企业减税降费，通过继续落实国家企业纳税人、小型微利企业和个人工商户的免征减税措施，特别是科技型中小企业研发费用加计扣除政策，对减免入驻企业房租和物业费的国家级科技创业示范基地给予资金补助；进一步降低小微企业支付成本，对辖区内商业银行采取收费减免、折扣优惠等措施。

（2）优化企业融资服务，降低科技型中小企业融资成本，每年安排约 1000 万元资金，对新增规模以上工业企业给予最高 50 万元的贷款贴息，对符合条件的小微企业进行创新担保信贷扶持，对初次获得创新担保信贷的小微企业给予贴息奖励。

（三）丹东市科技型中小企业高质量发展的实践成果

地方科技型中小企业在增加税收、促进就业、推动科技创新等方面发挥着积极作用。在新中国工业史上，辽宁省丹东市是著名的"轻工之城"、全国工业基地之一，工业体系以轻纺、电子、机械等为主，企业以技术优势领先。近年来，丹东市的科技型中小企业发展迅速。丹东市科技型中小企业高质量发展的实践成果如下。

1. 科技实践成果

科技型企业的生存密码就是自主研发和持续创新。科技型中小企业的科技实践成果如下。

辽宁思凯科技股份有限公司（以下简称"思凯科技"）生产的智能仪表，多数产品都属于定制产品，因为大多数客户都会对仪表产品提出自己特殊的要求，没有现成的经验，思凯科技根据客户要求以及技术、元器件的变化，在实践中不断摸索，自主研发出多个智能数字仪表，包括水表、物联网燃气表、热量表等，获得一百六十多项专利及软件著作权。辽宁孔雀表业有限责任公司，是国内最早规模化生产陀飞轮的企业，是我国第一个陀飞轮手表制造基地，几十年来，公司始终专注陀飞轮手表的研发和生产，拥有多项技术专利，陀飞轮已经成为机械表顶级制表工艺的代表。

丹东磨片有限责任公司（以下简称"磨片公司"）自成立以来，始终致力走自主创新发展之路，历经数十年的传承与革新，成功研制生产具有自主知识产权的高新技术产品。

丹东亿龙有限责任公司（以下简称"亿龙公司"）秉持"联合科技创新，引领行业未来"的企业发展方针，致力打造"中国非金属产业基地"，致力非金属材料的深度研发，多项科研成果取得了重大突破，公司拥有多项国家发明专利和实用新型专利，自有知识产权处于行业领先地位。这些科技型企业的研发历程都在十多年以上，关键技术之所以不断被打造出来，行业领军企业之所以不断涌现，靠的就是企业始终专注于自己的赛道不断创新，从而确保拥有技术领先优势。

2. 人才实践成果

人才资源是企业发展的第一资源，没有人才就没有技术创新活动。科技型中小企业的科技实践成果如下。

思凯科技拥有独立的研发中心，甚至把研发机构设在了上海、江苏等我国科技创新的前沿阵地，研发人员超过二百人，平均年龄仅三十多岁。

亿龙公司充分发挥技术人员的作用，拥有国内改性粉体权威专家的技术支持，建有院士专家工作站，与中科院、中国地质大学、中国矿业大学、沈阳化工大学等高校合作研发。

华信测控公司有着专业的研发队伍，软硬件设计人员也是从事十几年的研发工作经验，对仪器仪表有着相当深的知识，对自动化工程软件也有着深厚的功底，工程技术人员占员工总数的60%以上。

哈曼（中国）丹东工厂，也正是得益于丹东有素质高、基础好的技术工人，其产品质量和生产效率才能够在哈曼集团全球工厂排名中位于榜首。

磨片公司始终坚持以人为本，早早做好人才储备，培养造就了一支素质高、懂专业的员工队伍，这支队伍集生产、研究、技术于一体，其中高技术人才是核心，专家、工程师和工程技术人员近百名，而且工程技术人员具有丰富的实践经验，所以能够较好地满足科研和生产的需要，满足用户需求；同时，为了确保产品的科技含量不断提高、盈利能力持续增强，磨片公司未雨绸缪，克服重重困难，付出艰苦努力，先后与中国科学院沈阳金属材料研究所、自动化研究所、铸造研究所、清华大学、天津轻工学院、南京林业大学轻工学院等单位共同成立了研发中心，这也是我国首家磨片研究开发中心，为公司发展提供了人才保障。

这些科技型中小企业的共同特点都是拥有一支踏实能干的、相对稳定的员工队伍，之所以能够吸引、汇聚、留住各方面人才，是因为企业经营者始终坚持以人为本的发展理念，把人才作为企业的第一资源，善于提供良好的人才成长环境，从而把人才资源变成人才优势。

3. 品质实践成果

企业要发挥工匠精神，只有做到精益求精，才能确保品质优势。科技型中小企业的科技实践成果如下。

磨片公司，凭借着完善的生产经营系统和几十年的磨片生产经验，采用优质的生产原料、先进的生产工艺和一流的检验设备，确保为每一个用户生产出各种优质磨片。

华信测控有限责任公司本着"生产一流产品，提供优质服务"的宗旨，主要产品和项目广泛应用于冶金、煤炭、矿山、电力、耐火材料、化工等全国各省市上百家企业，为各行业计量、监测、自动化建设提供了有力的技术支持，公司因此得到了社会和相关部门的广泛肯定与好评。公司的规章制度及管理体系完备，公司从实际情况出发，形成了以董事长、总经理为核心的经理办公室、研发中心、研发质检部、技术部、工程部、财务部、销售部及机加车间的完备体系，为生产研发形成良好的人文环境，从而确保产品品质优势。

亿龙公司自有雷蒙机、气流磨、环辊磨、改性机、母粒生产线及复合钛白粉生产线等生产设备，生产的超细白云石粉、超细滑石粉、超细重钙粉、超细氢氧化镁等产品及各产品的改性产品品质优良、性能稳定，因而能够为客户提供高品质的产品和服务，其产品被广泛用于涂料、电线电缆等塑料橡胶领域及建筑领域。大东线圈有限责任公司已通过多项认证，公司秉承"为客户创造价值来获取企业发展机会"的经营理念，坚持"持续改善质量，超越客户期望，遵守法律法规，实施绿色生产"的质量环境方针，通过优良的品质和一流的服务赢得了市场，奠定了公司在行业内的领先地位，产品销往日本、韩国及欧洲、北美等十几个国家和地区。这些科技型中小企业之所以能够源源不断地生产出优质产品，始终保持品质优势，就是因为企业拥有地地道道的匠人，资历最老的匠人曾经都是国有企业的技术骨干，国有企业改制后，这些技术骨干在民营企业中继续发挥作用，他们那种兢兢业业、一丝不苟的匠人精神和以企为家的主人翁意识，通过传帮带传递给了新员工，新员工秉承了匠人精神并且发扬光大，从而确保产品品质优势。

4. 市场实践成果

为了把握市场主动权，磨片公司主要是通过为客户提供便捷的服务。公司除了在广东、浙江、山东等重点地区设立办事处，还把营销网络遍布全国各地，就是要为客户提供最优质、最便捷、最满意的服务，确保生产发货及时准确，技术服务随时随地；同时，公司凭借几十年来的生产经验和高品质的产品，获得了国内外用户的普遍认可，为企业赢得了较大的国内外市场份额，公司的"金泉"牌磨片产品除了被晨鸣纸业、玖龙纸业等国内企业采购使用，还远销巴西、泰国、印尼、伊朗等国家。

丹东华洋纺织服装有限公司为了寻找新的市场，根据客观环境变化迅速作出反应。公司一直生产休闲装、针织衫和羽绒服，曾经海外业务是华洋的盈利大头。

丹东东方测控技术股份有限公司统筹社会发展和客户要求，靠诚意打动客户，最终在竞争中脱颖而出。随着社会发展和客户的需要，矿山建设必须做到安全、绿色、高效和智慧，而智慧矿山建设的重要基础则是大型在线监测分析仪，目前，这种仪器是行业发展的瓶颈，在国内几乎是零基础，这也意味着有足够大的市场空间，谁先研发成功，谁就会获得丰厚的回报，但是研发这种仪器，前提是需要有大型实验辅助设备，在没有辅助设备的情况下，工程师们想尽各种办法终于研发成功，最终帮助客户解决了使用进口在线检测分析仪器价格高、订件难、维修贵的问题，用诚意打动客户，用坚持打开了市场，目前，公司不但能够设计生产所有的采矿在线分析仪器和选矿在线分析仪器，而且还达到了国际先进水平。

丹东奥龙射线仪器集团有限公司靠深耕细分领域确保市场优势。奥龙射线工业 CT 获评国家"改革开放四十周年——机械工业杰出产品"称号。

丹东工业射线仪器厂曾生产出中国第一台 X 射线工业探伤机，同时丹东仪表元件厂生产出中国第一支 X 射线管。通过几十年的发展，丹东射线仪器行业有近四十家企业，从业人员两千多人，丹东射线仪器产业集群，在国内始终保持数量最多、规模最大、市场占有率最高，近年来国内第一台 LNG 气瓶专用数字成像检测系统、第一台 LXG 气瓶专用全自动智能式成像检测系统、第一台储罐专用平板成像检测系统等高端设备先后研制成功，成为占国内射线市场份额 1/3 的知名企业。这些科技型中小企业之所以能够在激烈的市场竞争中，占有一席之地，几十年来始终保持市场优势，就是因为企业经营者能够深刻把握市场经济规律，真正贯彻用户至上的理念，全心全意为用户服务。

5. 环境实践成果

企业发展需要政府提供实实在在的服务。丹东市委、市政府根据党和国家有关政策要求，从丹东实际出发，坚持深化改革，通过更好地发挥政府作用，以政策为引领，推动和引导科技型中小企业不断发展壮大，进而为丹东经济高质量发展夯实了微观基础。

（1）政府始终把优化营商环境作为事关丹东发展全局的一号工程摆在突出位置，坚持以优化营商环境为基础，全面深化改革；以放管服改革为统领，持续提升服务效能；为实现只提交一次性材料改革，深入推进一网通，强化数字赋能。

（2）近年来，丹东厚植科技创新土壤，构建良好创新生态，让技术迭代推动转型升级。先后出台了《丹东市创新型城市建设规划》《丹东市加快创新型城市建设若干政策意见》《深入实施"鸭绿江英才计划"加快推进新时代人才强市建设若干政策措施》《丹东市十四五科技创新发展规划》等一系列支持企业创新发展的具体政策措施。丹东启动编制了《丹东市创新型城市建设规划》，积极培育创新主体，做大做强实体经济。推进百企百亿技改专项行动。

（3）抓住重点，精准落实，坚持不懈。为帮助科技型中小企业解决发展中遇到的各种各样困难，更好地提供服务，总的思路就是通过抓好工业园区建设来实现，如设立精密仪器产业聚集区、风电装备产业聚集区、汽车及零部件产业聚集区等，对集聚在园区内的相关企业，分行业和产业链条按共同需要提供精准服务，这样一来，政府职能部门提高了服务效率，企业也增加满意度；同时，制定落实有利于工业园区建设的各种优惠政策，从而吸引更多的企业来园区落户、发展。通过建设好园区这个创新载体，企业这个创新主体的作用才能充分发挥，从而形成项目、企业与科研机构良性互动的创新生态。

二、科技型中小企业高质量发展的优化策略

（一）创新生态与企业家精神

科技型中小企业的创新动力之源是市场需求，企业在市场中敏锐捕捉商机，为满足市场需求不断进行新产品、新服务研发与迭代，维持企业生存与发展，由于市场竞争加剧企业生存的危机感和发展的不确定性，促使企业在复杂的市场中进行持续创新以获取竞争优势。

企业在创新过程中，对市场需求与商机的识别要有一定的冒险精神和战略眼光，企业创始人在这一过程中具有决定性作用。因此，政府要通过宏观调控进一步完善科技型中小企业的创新生态，保护和弘扬企业家精神，需要做好以下两个方面的工作。

第一，当地政府要积极制定符合科技型中小企业发展需要的金融、财税、知识产权保护等政策，加强科技服务体系建设、营造良好营商环境，优化科技型中小企业创新内外部环境。

第二，科技型中小企业可以通过各级媒体的正能量宣传和弘扬企业家创新典范事迹，宽容及正确看待企业创新失败，为培养和保护好企业家精神营造良好的社会创新环境。

（二）研发投入与数字化转型

1. 加大研究与开发投入引导资金，提升企业创新能力

（1）加大研究与开发投入引导资金。每年应递增研究与开发投入引导资金，发挥引导资金的导向作用。同时应要求企业发挥创新主体作用，按照研究与开发投入比例予以重点支持，特别是优秀科技企业应加大支持力度，通过资金导向引导企业家更加重视科技创新。

（2）根据政策组织开展科技型中小企业评价工作，帮助企业享受研究开发费用税前加计扣除政策，通过用足用好政策，帮助科技型中小企业减轻负担。国家政策规定，技术先进型服务企业减免15%的税率征收企业所得税。应组织开展技术先进型服务企业的评价认定工作。

（3）积极服务科技企业。进一步加强涉企服务，加强科技企业相关扶持政策宣讲培训，增强中小企业创新意识，精准对接政策，帮助科技企业解决在发展中遇到的困难。组织企业参加中国北京科技产业博览会，展示企业科技创新取得的成果，为企业开展对外合作交流提供平台。

2. 促进产学研合作、加快数字化转型

产学研深度融合可以更好地破解科技型中小企业自主创新成本高、风险高的问题，明确政府和市场在促进产学研合作资源配置上的作用和边界，政府要积极引导国家、省级等科技和产业创新基地、创新中心、技术研发中心、高校等机构，共同探索建立支持科技型中小企业创新运行机制与平台，充分发挥行业协会纽带桥梁作用，组建以产业链、供应链核心企业或行业龙头企业为主要牵头单位的技术创新联盟或学会，真正做到围绕产业链布局创新链，推动产业链上下游、大中小企业融通创新。加快科技型中小企业数字化转型，以数字化促进科技型中小企业提质增效、降本降耗、绿色和安全发展。

（三）人才培养与管理水平提升

1. 提升管理水平，人才培育与引进并举

（1）企业要提高管理水平，在领导体系、企业文化、人力资源、绩效考核、薪酬体系、流程管理等方面优化提高，为企业培育和引进人才创造良好氛围。

（2）制定一套科学合理的创新人才薪酬机制是科技型中小企业留住人才、吸引人才提升竞争力的关键所在，企业要挖掘内部现有人力资源的潜力，通过多种方式和手段对企业创新人才进行激励、提升现有人才创新能力与积极性。

（3）以企业和市场需求为导向，借助各类科技创新项目和各城市人才引进计划，重点引进高层次人才，或通过产学研合作，在各类科研院所、高等院校、协会联盟等平台内使用好外部人才资源。

2. 多措施并举吸引留住人才

深化人才发展体制机制改革，真心爱才、悉心育才、倾心引才、精心用才，求贤若渴，不拘一格。强化科技人才成长，为科技自立自强、经济社会高质量发展提供强有力的人才支撑。围绕"政策留人""减负留人""评价留人""团队留人""平台留人"五大能力提升，通过推进人才政策创新、完善人才减负机制、深化人才评价改革、打造新型人才团队、构建新型人才平台等措施，打造"近悦远来"科技人才生态。

（四）科技和金融合作与多元化体系建设

第一，加强科技和金融融合，建设多元化体系。一方面拓宽投融资渠道，另一方面加强顶层设计引导，省金融管理部门应做好科技企业上市融资服务，促进科技企业挂牌上市。鼓励和引导科技企业孵化器（众创空间）提升对在孵企业的投融资服务能力。继续通过举办创新创业大赛，引入外部投资机构，促进科技金融对接。

第二，加快各类科技平台建设。应持续支持优秀科技企业孵化器（众创空间），开展科技企业孵化器众创空间考核评价工作，促进科技企业孵化器持续健康发展。加快各类平台建设，应充分发挥省工研院作用，打造产学研融合一体化平台。积极推动省级制造业创新中心争创国家级创新中心。

参考文献

［1］蔡树堂，张腾，宋璟．效果逻辑对科技型中小企业迭代创新的影响研究［J］．广西财经学院学报，2023，36（4）：29.

［2］柴桂华．科技型中小企业多维精益绩效管理体系设计及应用：以 A 公司为例［J］．财务管理研究，2022（4）：44.

［3］柴琴，覃晓嫦，裴潇．提升湖北省科技型中小企业创新绩效的对策研究［J］．现代商业，2015（11）：126-127.

［4］常洁，乔彬．科技型中小企业产学研协同创新绩效评价［J］．统计与决策，2020，36（6）：185-188.

［5］陈伟，杨增煜，杨栩．科技型中小企业技术创新模式选择研究［J］．学习与探索，2020（3）：111-117.

［6］丁宇，李文胜，刘正刚，等．科技型中小企业开放式创新模式的创新绩效研究：以新疆 XHF 集团为例［J］．新疆财经，2016（2）：28-35.

［7］董振林．外部知识搜寻、知识整合机制与企业创新绩效外部环境的调节作用［M］．北京：科学技术文献出版社，2021.

［8］冯小俊．科技型中小企业合作型劳动关系的构建研究［M］．北京：北京理工大学出版社，2019.

［9］郭英嘎．中小型企业劳动关系管理现状分析及对策建议［J］．企业改革与管理，2023（16）：93.

［10］胡川，王林江，张桂玲．分析师跟踪、内控有效性与科技型中小企业创新［J］．科技进步与对策，2020，37（3）：88-97.

［11］胡国春．社会网络嵌入对科技型中小企业创新绩效影响研究［D］．绵阳：西南科技大学，2017.

［12］简洁．组织间知识共享对科技型中小企业创新绩效的影响研究［D］．武汉：武汉理工大学，2017.

[13] 姜波．科技型中小企业技术创新绩效与企业社会资本的关联机制研究：基于技术创新绩效信息披露的调节效应［J］．科技进步与对策，2011，28（4）：64-69．

[14] 李艳华．企业绩效管理体系的构建之策［J］．人力资源，2021（8）：98-99．

[15] 陈颖．财务绩效、政治关联和企业社会责任表现［J］．甘肃金融，2022（11）：37．

[16] 刘畅．科技型中小企业扶持政策绩效评价研究综述［J］．中小企业管理与科技（上旬刊），2016（12）：53-54．

[17] 刘钒．促进科技型中小企业创新发展政策的省域比较研究［M］．武汉：武汉大学出版社，2016．

[18] 刘骏，张蕾，陈梅，等．高层次创新人才薪酬与企业盈利关系研究：以科技型中小企业为例［J］．科技进步与对策，2020，37（14）：135．

[19] 刘志辉．面向科技型中小企业创新的技术竞争情报方法体系研究［M］．北京：科学技术文献出版社，2019．

[20] 罗正英，汤玲玲，孙文基．科技型中小企业技术创新能力提升研究基于产业共生联动视角［M］．苏州：苏州大学出版社，2017．

[21] 吕杨．科技型中小企业关系嵌入、动态能力对创新绩效影响研究［D］．洛阳：河南科技大学，2020．

[22] 马广强．科技型中小企业股权投资估值评价体系研究［J］．企业改革与管理，2023（15）：6．

[23] 马一宁．科技型中小企业融资平台应用研究［M］．长春：吉林出版集团，2018．

[24] 苏妮娜，朱先奇，史竹琴．技术共享对科技型中小企业协同创新联盟稳定性的影响［J］．工业工程与管理，2020，25（2）：118-124．

[25] 苏雯轩，金莎，张璐，等．甘肃省科技型中小企业现状分析与发展对策研究［J］．甘肃科技，2022，38（12）：34．

[26] 苏雪晨．科技型中小企业商业模式创新研究［J］．大众科技，2017，19（6）：143．

[27] 孙建鑫，马宝龙．顾客参与、治理机制和科技型中小企业创新绩效：基于渠道战略匹配理论的组态研究［J］．经济与管理研究，2023，44（9）：125-144．

[28] 孙林杰．民营企业的技术能力创新绩效与商业模式［M］．北京：中央编译出版社，2018．

[29] 孙卫东．科技型中小企业创新生态系统构建、价值共创与治理：以科技园区为例［J］．当代经济管理，2021，43（5）：14-22．

[30] 孙兆刚，杨婷婷．科技型中小企业创新绩效与领导模式关系的实证研究［J］．石家

庄经济学院学报，2015，38（4）：93-98.

[31] 覃晓嫦，裴潇.科技型中小企业创新绩效实证分析 [J].当代经济，2015（16）：122-124.

[32] 唐雯，王卫彬.科技型中小企业创新生态系统构建现状——基于200家企业的调查分析 [J].技术经济与管理研究，2021（2）：34-39.

[33] 王波，郭宏丹，郑姣，等.供应链金融与科技型中小企业融资效率 [J].金融与经济，2022（12）：88-96.

[34] 王永萍，王琦，杨迎，等.科技型中小企业创新能力与知识产权质押融资意愿 [J].中国软科学，2021（增刊1）：399-405.

[35] 吴金光，毛军，唐畅.政府研发补贴是否激励了科技型中小企业创新 [J].中国软科学，2022（9）：184-192.

[36] 项贤国.科技型中小企业专利战略的域外经验借鉴 [J].中国高校科技，2020（6）：46-48.

[37] 谢冰，蔡洋萍，欧阳飞雪.新常态下科技型中小企业的融资理论、策略与实践 [M].北京：中国经济出版社，2016.

[38] 谢芳.知识产权交易与企业创新绩效 [M].北京：知识产权出版社，2018.

[39] 徐光磊.组织间学习、知识管理过程与科技型中小企业创新绩效关系研究 [D].长春：吉林大学，2021.

[40] 徐萌萌.政府资助对科技型中小企业创新绩效的影响研究：创新动力的中介效应分析 [J].软科学，2021，35（1）：32-38.

[41] 许娟.战略柔性视角下虚拟集聚对科技型中小企业创新绩效的影响研究 [D].贵阳：贵州师范大学，2023.

[42] 颜莉，潘妮，骆希亚.联盟组合下科技型中小企业创新绩效研究综述 [J].会计之友，2016（3）：37-39.

[43] 杨瑾，杨敏.面向2035年促进科技型中小企业创新发展的思路 [J].中国科技论坛，2021（6）：1-4.

[44] 姚伟，孙斌，张翠娟.价值共创视域下科技型中小企业知识服务研究 [M].北京：企业管理出版社，2021.

[45] 姚伟，张翠娟，柯平，等.基于价值共创的科技型中小企业知识服务机理研究 [J].情报理论与实践，2021，44（8）：82-89.

[46] 余澳.高质量发展背景下科技型中小企业信用评估体系构建与应用研究 [M].成

都：四川大学出版社，2019.

［47］张进军．政府补贴与创业企业创新绩效研究［M］．武汉：华中科技大学出版社，2021.

［48］张露子，丁建臣．科技金融政策与科技型中小企业高质量发展［J］．统计与决策，2023，39（16）：147-151.

［49］张熠，曹坤鹏．科技型中小企业核心员工激励机制优化研究［J］．中国集体经济，2021（11）：101-102.

［50］张羽飞，原长弘，张树满．共建产学研创新联合体对科技中小企业创新绩效的影响研究［J］．管理学报，2023，20（1）：76-85.

［51］赵伟，吴松强，吴琨．韧性视角下科技型中小企业创新风险防范研究［J］．现代管理科学，2022（1）：115-124.

［52］郑海涛．产业集群网络结构与企业创新绩效关系研究［M］．广州：华南理工大学出版社，2012.

［53］郑旻．开放式创新视角：科技型中小企业能力对创新绩效的影响研究［D］．杭州：浙江理工大学，2015.